von links nach rechts:
Ulrike Fetzer, Iris Erbach,
Linn Helbig, Katrin Imbery,
Daniela Picco, Anja Kunz

Foto: Harald Neumann

Kleinkinder wollen ihre Umwelt mit allen Sinnen in sich aufnehmen: Sie wollen hören, sehen, fühlen, riechen, schmecken und sich bewegen. Sie brauchen Gelegenheiten zum Staunen, Suchen, Zweifeln, Ausprobieren und Erleben. Die sinnliche Wahrnehmung ist ein aktiver Prozess, der in den ersten drei Lebensjahren maßgeblich den Erkenntnisgewinn von Kindern bestimmt und somit ihre gesamte Entwicklung positiv unterstützt.

Die Grundvoraussetzung, also ein intaktes und gut funktionierendes Sinnessystem, ist den meisten Kindern von der Natur mitgegeben. Unterstützend benötigen sie aber auch viel Nähe, Zuwendung und Hautkontakt sowie eine verlässliche Bindung an ihre jeweiligen Bezugspersonen, auch in der Kindertagesbetreuung. Denn die Jüngsten sind darauf angewiesen, dass die pädagogischen Fachkräfte ihre Signale verstehen, ihre Bedürfnisse wahrnehmen und angemessen darauf reagieren. Kinder unter drei Jahren werden einerseits überschwemmt von einer Vielzahl an Eindrücken und Anforderungen, andererseits haben sie kaum Gelegenheit, diese Masse an Informationen auch entwicklungsgerecht zu verarbeiten – mit ihrem Körper, im eigenen Tun und durch selbstständiges Handeln.

Dieses Themenheft beinhaltet neben den einleitenden Grundlagen jeweils ein Kapitel zur taktilen, kinästhetischen, vestibulären, auditiven und visuellen Wahrnehmung und wird ergänzt um ein Kapitel zu den Vorzügen der Wahrnehmungsförderung im Freien. Neben der Bedeutung und Entwicklung der einzelnen Sinne und den jeweiligen Förderungsmöglichkeiten im Kita-Alltag, enthält jedes Kapitel altersgerechte Praxisimpulse und Empfehlungen zu geeigneten Materialien.

Eine bereichernde Lektüre wünschen

Ulrike Fetzer,
Chefredakteurin

Prof. Dr. Renate Zimmer,
verantwortliche Autorin

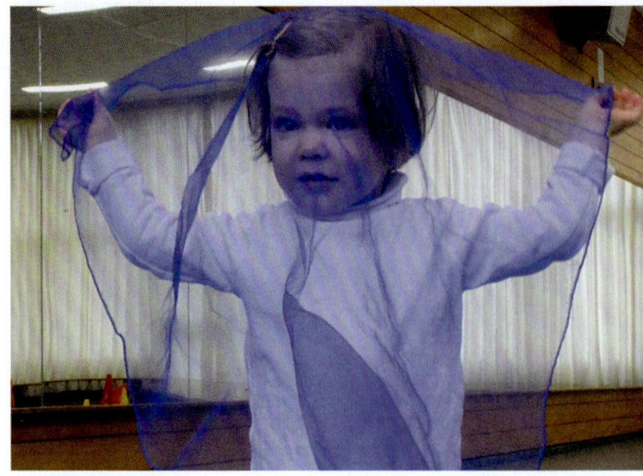

Fotos: Nadine Vieker

VI. DIE VISUELLE WAHRNEHMUNG

VII. WAHRNEHMUNGSFÖRDERUNG IM FREIEN

VIII. MEDIENTIPPS

Fotos: Nadine Vieker; Renate Zimmer; Harald Neumann

I. DIE WAHRNEHMUNG ALS GRUNDLAGE DES LERNENS

Mit allen Sinnen die Welt begreifen

Unter Dreijährige erforschen ihre Umwelt erst mit dem Mund, dann mit den Händen. Greifen und festhalten, klammern und loslassen – all diese Tätigkeiten trainieren die Sinne und bringen die kindliche Entwicklung voran.

1. Von Erfahrungen zu Erkenntnissen

Max entdeckt im Garten einen Schlauch, aus dem Wasser herausläuft. Aufmerksam verfolgt er den Wasserstrahl, greift mit den Händen hinein, presst die Finger fest zusammen, zieht die Hand wieder hervor, öffnet sie und ist erstaunt: Die Hand ist nass, aber nichts Fühlbares ist mehr in ihr. Wieder versucht er ein Stück des Wassers zu greifen, es festzuhalten ... Der Junge wundert sich: Wasser kann man sehen, anfassen, Kälte und Nässe spüren, aber nicht festhalten. Es zerrinnt zwischen den Fingern.

Kleinkinder wie Max brauchen sinnlich wahrnehmbare Welterfahrungen wie diese. Sie brauchen Gelegenheiten zum Staunen, Suchen, Zweifeln, Ausprobieren und Erleben. Für Kinder unter drei ist es noch nicht selbstverständlich, dass aus einem Schlauch Wasser fließt und dass man dieses aber nicht greifen kann. Um die Beschaffenheit ihrer Umwelt kennenzulernen, brauchen junge Kinder den konkreten Umgang mit den Dingen, die sie umgeben – sie wollen diese nicht einfach nur ansehen, sondern sie möglichst mit all ihren Sinnen genau erforschen: Erst wenn sie betasten und anfassen können, können sie auch wirklich „er-fassen“. Erst wenn sie aus ihrem Tun innere Bilder aufbauen

Max spürt das Wasser, kann es aber nicht greifen

können, wird aus dem Er-greifen ein Be-Greifen: Über die Sinne werden Erfahrungen zu Erkenntnissen.

Sinnliche Wahrnehmung als Zugang zur Welt

Kleinkinder wollen ihre Umwelt mit allen Sinnen in sich aufnehmen, sie wollen auf sie einwirken, selbst tätig sein:

- Sie wollen hören: Es interessiert sie, was in der Umwelt akustisch vor sich geht, sie wollen selbst Geräusche machen, schreien, stampfen, ihre Stimme erproben. Hin und wieder wollen sie jedoch auch Ruhe haben, jemand anderem zuhören, den Geräuschen der Natur oder der Stimme eines Erwachsenen lauschen.
- Sie wollen sehen: Kleinkinder betrachten gerne Farben, Formen, Dinge, die sich unterscheiden und solche, die sich gleichen. Schon Säuglinge schauen sich z. B. die Gesichter anderer Menschen besonders intensiv an.
- Sie wollen fühlen: Die Mädchen und Jungen berühren Dinge, fassen sie an, empfinden, ob diese warm oder kalt, glatt oder rau, weich oder hart sind. Sie wollen jedoch auch selbst berührt, zärtlich gestreichelt und fest gedrückt, warm gehalten und vertrauensvoll umarmt werden.
- Sie wollen riechen und schmecken: Kleinkinder mögen gute Gerüche und rümpfen die Nase, wenn etwas stinkt. Zudem entwickeln sie schon früh geschmackliche Vorlieben: Süßes oder manchmal auch Salziges.
- Sie wollen sich auf vielfältige Weise bewegen: Es ist den Jüngsten ein großes Bedürfnis, ihre körperliche Kraft zu spüren und ihre Geschicklichkeit auf die Probe zu stellen: klettern und springen, balancieren und rutschen, sich verstecken, weglaufen und gefangen werden (Zimmer 2019a).

Bewegungslust von Anfang an

Fotos: Renate Zimmer

2. Entwicklung der Sinne

Um sich umfassend mit der Welt auseinandersetzen zu können, brauchen Kleinkinder ein gut ausgebildetes Wahrnehmungsvermögen. Sie brauchen Sinne, die sie befähigen, die Umwelt ganz bewusst wahrzunehmen und die Vielfalt ihrer Eindrücke zu verarbeiten. Die Grundausstattung für diese wichtige Aufgabe wird ihnen von der Natur mitgegeben, die meisten Neugeborenen kommen mit intakten und gut funktionierenden Sinnessystemen auf die Welt: Sie können sehen und hören, schmecken und riechen, tasten und sich bewegen. Ein Baby erkennt z. B. seine Mutter am Geruch und es kann vertraute Stimmen von fremden unterscheiden. Die Funktionsfähigkeit der Sinne wird aber erst durch ihre ständige Inanspruchnahme verbessert. Insbesondere die Verbindung verschiedener Sinneserfahrungen, die Integration der Sinne, kommt erst durch tägliches Üben zustande. Alle Sinne müssen regelmäßig und vielfältig „genutzt" werden, um zu funktionieren. Werden sie nicht oder nur einseitig eingesetzt, stumpfen sie in ihrer Empfindungsfähigkeit ab.

Der Körper als Basis des Selbstbewusstseins

Die Erfahrungen, die ein Kind in den ersten Lebenswochen über seine sensorischen Systeme macht, führen zur ersten Entwicklungsstufe des Selbst, dem „Körper-Selbst". Das Kind lernt seinen Körper, seine Stimme, seine Körpergrenzen und seine Lage im Raum kennen. Dieses Körper-Selbst bildet die Basis dafür, dass sich Säuglinge ihrer eigenen Person bewusst werden können. Durch die Wahrnehmungen seines Körpers ist einem jungen Kind die Unterscheidung zwischen seinem Ich und der ihn umgebenden Umwelt möglich. Der Körper ist das Bindeglied zwischen seiner Person und der Umwelt, er vermittelt zwischen „innen" und „außen". Über den Tastsinn nimmt das Kind z. B. passiv, mithilfe mechanischer Reize Berührungen wahr, gleichzeitig findet jedoch auch eine aktive Erkundungswahrnehmung statt. Das Kind wird zum Subjekt und zum Objekt der eigenen Wahrnehmung – dies lässt sich u. a. gut beobachten, wenn ein Kleinkind taktil den eigenen Körper untersucht, seine Finger betrachtet, mit ihnen spielt. Auch die Berührung einer rauen Oberfläche vermittelt

Wie fest muss ich schieben? Der Bewegungssinn verrät es

Der Bewegungssinn

Der Bewegungssinn wird auch als kinästhetische Wahrnehmung bezeichnet. Er umfasst die Empfindung von Bewegungen des eigenen Körpers oder einzelner Körperteile im Zusammenspiel und den dabei auftretenden Kraftleistungen. Die Bewegungswahrnehmung erfolgt über in den Muskeln, Sehnen und Gelenken befindliche Rezeptoren. Rezeptoren sind Nervenzellen, die der Reizaufnahme dienen. Über sie werden dem Gehirn Informationen über die Muskelspannung und die Stellung der Gelenke zum Körper vermittelt. Diese kinästhetische Wahrnehmung wird z.B. durch Spiele gefördert, bei denen die Kinder Gegenstände ziehen oder schieben und dabei ein starker Zug und Druck auf die Sehnen und Gelenke erzeugt wird. Ebenso können auch Entspannungsübungen das Gefühl für die Körper- und Bewegungswahrnehmung verfeinern.

Der Gleichgewichtssinn

Die vestibuläre Wahrnehmung ist für die Gleichgewichtsregulation des Körpers verantwortlich. Für diese Funktion wichtige Rezeptoren befinden sich im Innenohr, daher wird das Ohr oft auch als Gleichgewichtsorgan bezeichnet. An der Regulierung des Gleichgewichts sind jedoch mehrere Bereiche beteiligt. Man bedenke nur, wie leicht man die Balance verliert, wenn man versucht, mit geschlossenen Augen über einen Balken zu balancieren. Die Gleichgewichtsregulation ist also ein sehr komplexer Vorgang, an dem mehrere Sinne Anteil haben. So wird der Gleichgewichtssinn z.B. bei Dreh- und Rollbewegungen um die Körperlängs- und -querachse trainiert, beim Schaukeln, beim Balancieren auf schmalem oder instabilem Untergrund. Gleichzeitig wirkt sich das vestibuläre System auch auf die Funktionsfähigkeit der anderen Sinne aus. Beim Balancieren über eine Mauer etwa wird auch das kinästhetische System angesprochen: Das Kind breitet die Arme zur Seite aus, um das Gewicht auf beiden Seiten gleich zu verteilen.

Der Geruchs- und Geschmackssinn

Der Geruchssinn eines Kindes ist bei seiner Geburt schon gut entwickelt, bereits Neugeborene können zwischen verschiedenen Gerüchen unterscheiden. Der Geruchssinn warnt uns Menschen z.B. vor ver-

Hier ist der Gleichgewichtssinn gefragt

Geruchssinn im Einsatz: Wonach riecht denn das?

können, wird aus dem Er-greifen ein Be-Greifen: Über die Sinne werden Erfahrungen zu Erkenntnissen.

Sinnliche Wahrnehmung als Zugang zur Welt

Kleinkinder wollen ihre Umwelt mit allen Sinnen in sich aufnehmen, sie wollen auf sie einwirken, selbst tätig sein:

- Sie wollen hören: Es interessiert sie, was in der Umwelt akustisch vor sich geht, sie wollen selbst Geräusche machen, schreien, stampfen, ihre Stimme erproben. Hin und wieder wollen sie jedoch auch Ruhe haben, jemand anderem zuhören, den Geräuschen der Natur oder der Stimme eines Erwachsenen lauschen.
- Sie wollen sehen: Kleinkinder betrachten gerne Farben, Formen, Dinge, die sich unterscheiden und solche, die sich gleichen. Schon Säuglinge schauen sich z.B. die Gesichter anderer Menschen besonders intensiv an.
- Sie wollen fühlen: Die Mädchen und Jungen berühren Dinge, fassen sie an, empfinden, ob diese warm oder kalt, glatt oder rau, weich oder hart sind. Sie wollen jedoch auch selbst berührt, zärtlich gestreichelt und fest gedrückt, warm gehalten und vertrauensvoll umarmt werden.
- Sie wollen riechen und schmecken: Kleinkinder mögen gute Gerüche und rümpfen die Nase, wenn etwas stinkt. Zudem entwickeln sie schon früh geschmackliche Vorlieben: Süßes oder manchmal auch Salziges.
- Sie wollen sich auf vielfältige Weise bewegen: Es ist den Jüngsten ein großes Bedürfnis, ihre körperliche Kraft zu spüren und ihre Geschicklichkeit auf die Probe zu stellen: klettern und springen, balancieren und rutschen, sich verstecken, weglaufen und gefangen werden (Zimmer 2019a).

Bewegungslust von Anfang an

2. Entwicklung der Sinne

Um sich umfassend mit der Welt auseinandersetzen zu können, brauchen Kleinkinder ein gut ausgebildetes Wahrnehmungsvermögen. Sie brauchen Sinne, die sie befähigen, die Umwelt ganz bewusst wahrzunehmen und die Vielfalt ihrer Eindrücke zu verarbeiten. Die Grundausstattung für diese wichtige Aufgabe wird ihnen von der Natur mitgegeben, die meisten Neugeborenen kommen mit intakten und gut funktionierenden Sinnessystemen auf die Welt: Sie können sehen und hören, schmecken und riechen, tasten und sich bewegen. Ein Baby erkennt z.B. seine Mutter am Geruch und es kann vertraute Stimmen von fremden unterscheiden. Die Funktionsfähigkeit der Sinne wird aber erst durch ihre ständige Inanspruchnahme verbessert. Insbesondere die Verbindung verschiedener Sinneserfahrungen, die Integration der Sinne, kommt erst durch tägliches Üben zustande. Alle Sinne müssen regelmäßig und vielfältig „genutzt" werden, um zu funktionieren. Werden sie nicht oder nur einseitig eingesetzt, stumpfen sie in ihrer Empfindungsfähigkeit ab.

Der Körper als Basis des Selbstbewusstseins

Die Erfahrungen, die ein Kind in den ersten Lebenswochen über seine sensorischen Systeme macht, führen zur ersten Entwicklungsstufe des Selbst, dem „Körper-Selbst". Das Kind lernt seinen Körper, seine Stimme, seine Körpergrenzen und seine Lage im Raum kennen. Dieses Körper-Selbst bildet die Basis dafür, dass sich Säuglinge ihrer eigenen Person bewusst werden können. Durch die Wahrnehmungen seines Körpers ist einem jungen Kind die Unterscheidung zwischen seinem Ich und der ihn umgebenden Umwelt möglich. Der Körper ist das Bindeglied zwischen seiner Person und der Umwelt, er vermittelt zwischen „innen" und „außen". Über den Tastsinn nimmt das Kind z.B. passiv, mithilfe mechanischer Reize Berührungen wahr, gleichzeitig findet jedoch auch eine aktive Erkundungswahrnehmung statt. Das Kind wird zum Subjekt und zum Objekt der eigenen Wahrnehmung – dies lässt sich u.a. gut beobachten, wenn ein Kleinkind taktil den eigenen Körper untersucht, seine Finger betrachtet, mit ihnen spielt. Auch die Berührung einer rauen Oberfläche vermittelt

Fotos: Renate Zimmer

ihm doppelte Wahrnehmungen: So werden beim Berühren eines Igelballs die kleinen Tastkörper der Haut gereizt; gleichzeitig nimmt das Kind über die Haut die stachelige Oberfläche des Balles wahr.

Vorgeburtliche Sinneserfahrung: das Schaukeln

Zuerst entwickeln sich jene Sinne, die einem Kind Informationen über seinen Körper und dessen Beziehung zur Anziehungskraft der Erde liefern – Bewegung und Gleichgewicht. Erst danach folgt die Differenzierung der Sinne, mittels derer die Mädchen und Jungen Erfahrungen über körperferne Dinge machen – das Sehen und Hören (Zimmer 2019a).

So stellt das Schaukeln für Kinder ein sinnliches Urerlebnis dar. Bereits im Mutterleib haben sie erfahren, wie sie mit jeder Bewegung der Mutter selbst bewegt worden sind. Als Babys wurden sie auf den Arm genommen und durch sanftes Hin- und Herwiegen beruhigt; in der Wiege haben sie durch leichtes Schaukeln in den Schlaf gefunden. Dabei wird ganz nebenbei ihr Gleichgewichtssinn entwickelt, eines der wichtigsten Sinnessysteme, auf dem die Verarbeitung weiterer Sinneserfahrungen aufbaut. Schaukeln hilft manchen Kindern, ihre Konzentration zu verbessern. Sie beruhigen sich, so wie sie dank wiegender Bewegungen schon als Säuglinge zur Ruhe fanden.

3. Sinnesreize – Nahrung fürs Gehirn

Die sinnliche Wahrnehmung bleibt das ganze Leben von Bedeutung – am wichtigsten ist sie jedoch in den ersten Lebensjahren: Durch Sinnesreize wird in diesem Zeitraum die Entwicklung des Gehirns unterstützt und das Kind macht sich ein Bild von der Welt und von sich selbst in dieser.

Tasten, spüren und begreifen

Auch eine Wahrnehmungsschulung: sich ganz auf die Geschichte konzentrieren

Bewegungsaktivitäten fördern das Zusammenspiel der Sinne

Bei der Geburt verfügt der Mensch über mehr als einhundert Milliarden Nervenzellen, die jedoch erst dann funktionsfähig sind, wenn sie miteinander verknüpft wurden. In den ersten Lebensjahren werden durch Sinnestätigkeit und körperliche Aktivität Reize geschaffen, die diese Verknüpfungen unterstützen (Zimmer 2019a). Vertreter der Hirnforschung weisen immer wieder darauf hin, dass die Nervenzellen aktiviert werden müssen, um richtig miteinander verschaltet werden zu können. Diese Aktivität wird durch spezifische Stimulation des Gehirns erreicht. Bleibt diese aus, hat das fatale Folgen für die Kinder. So hat man z.B. festgestellt, dass sich Säuglinge, die den größten Teil ihres ersten Lebensjahres unbeachtet in einer Wiege lagen, auffallend langsam entwickelten. Einige dieser Kinder konnten etwa im Alter von 21 Monaten noch nicht sitzen oder sogar erst mit drei Jahren laufen (Shantz 1992).

Bedeutsam für Entwicklungs- und Lernprozesse

Die geschilderten Beobachtungen lassen den Schluss zu, dass Kinder auf vielfältige Reize angewiesen sind, um sich normal entwickeln zu können. Reize, die sie durch Berührung, Bilder, Sprache u. Ä. aufnehmen und die sie verarbeiten müssen. Sensorische Reize können als Impulsgeber für die fortschreitende Vernetzung des Gehirns verstanden werden. Vielseitige Wahrnehmungserfahrungen sind wichtig, um die Funktionsfähigkeit des komplexen Organs zu verbessern. Solche Wahrnehmungsleistungen haben eine besondere Funktion hinsichtlich der Aufnahme und Verarbeitung von Informationen aus der Umwelt. Jede neue Situation muss zunächst mithilfe der Sinnesorgane erfasst und an das Zentralnervensystem weitergeleitet werden, bevor

Fotos: Nadine Vieker; Harald Neumann

eine entsprechende Reaktion erfolgen kann. Mittels verschiedener ausgewogener Wahrnehmungserfahrungen wird also schon in den ersten Lebensjahren eines Kindes die Basis für künftige Entwicklungs- und Lernprozesse gelegt (Zimmer 2011).

Wichtiges von Unwichtigem unterscheiden

Voraussetzung für die Orientierung in der Umwelt ist die Fähigkeit, Sinnesreize differenzieren zu können, sprich: wichtige Informationen von unwichtigen zu unterscheiden. Schon ein Säugling ist fähig, aus einer Vielzahl von Geräuschen diejenigen herauszuhören, die für ihn von Bedeutung sind. So kann er z.B. selbst aus dem größten Stimmengewirr die Stimme der Mutter herausfiltern. Sich konzentrieren zu können, heißt demnach, seine ganze Aufmerksamkeit auf eine relevante Informationsquelle richten zu können. Für Kinder in der Kindertagesstätte ist es z.B. wichtig, auch bei einem hohen Geräuschpegel der Stimme der Erzieherin, die gerade eine Geschichte vorliest, folgen zu können und sich vom sie umgebenden Lärm nicht ablenken zu lassen. Die Fähigkeit sich zu konzentrieren und aufmerksam zu sein, wird ebenfalls schon in frühen Lebensjahren zugrunde gelegt, z.B. beim Betrachten eines Bilderbuchs oder Erzählen einer Geschichte. Sinnliche Erfahrungen in einer richtigen Weise miteinander zu verbinden, ist eine wichtige Voraussetzung für alle Arten des Lernens.

Bewegung fördert das Zusammenspiel der Sinne

Anna Jean Ayres (2016) hat diesen Prozess als *Integration der Sinne* bezeichnet. Der Ort der Integration und Koordination der Sinnesreize ist das Gehirn. Hier werden Informationen aufgenommen, eingeordnet, gespeichert und verarbeitet. Ein gut funktionierendes Wahrnehmungssystem kann als Voraussetzung für die Auseinandersetzung des Kindes mit seiner Umwelt betrachtet werden: Je vielfältiger sensorische Funktionen geübt werden, umso sicherer werden Kinder, z.B. in ihren Bewegungen, und umso besser gelingt es ihnen, mit Herausforderungen umzugehen. Das Zusammenspiel der Sinne wird gefördert durch Bewegungsaktivitäten. Beim Balancieren, Klettern und Hüpfen werden bspw. Wahrnehmungsleistungen erforderlich, die quasi als „Nahrung" für die Sinne dienen: Sie setzen Anpassungsreaktionen in Gang, durch sie hat das Gehirn die Chance, sich weiterzuentwickeln und sich zunehmend besser auf neue Situationen einzustellen (Zimmer 2020).

4. Die Nahsinne

Der Tastsinn

Das taktile System ist das erste Sinnessystem, das sich schon im Mutterleib entwickelt und das bereits funktionsfähig ist, wenn der Seh- und Hörsinn sich erst langsam auszubilden beginnen. Taktile Reize werden über die Haut aufgenommen, sie kann als das größte Wahrnehmungsorgan des Menschen aufgefasst werden. Über die Haut nimmt das Kind Temperatur wahr, es ertastet die Beschaffenheit von Materialien und Gegenständen – es lernt, mit den Händen zu „sehen".

ÜBERSICHT

Die Wahrnehmungssysteme des Menschen (Zimmer 2019a, S. 57)

Innerhalb der Wahrnehmungssysteme haben die sog. Grundwahrnehmungsbereiche eine besondere Bedeutung: Das taktile System (das Tasten und Berühren), das kinästhetische System (die Bewegungsempfindungen)und das vestibuläre System (das Gleichgewicht) stellen die Basis sensorischer Verarbeitung und ein Fundament der kindlichen Entwicklung dar. Sie werden auch als körpernahe Sinne bezeichnet, in Abgrenzung zum Sehen und Hören, die als körperferne Sinne gelten (Zimmer 2019a).

	System	Sinnesorgan
Nahsinne	1. Taktiles System (Tasten und Berühren)	Haut
	2. Kinästhetisches System (Bewegungsempfindungen)	Rezeptoren in den Muskeln, Sehnen und Gelenken
	3. Vestibuläres System (Gleichgewichtssinn)	Gleichgewichtsorgan (befindet sich im Innenohr)
	4. Geschmackssinn (gustatorischer Sinn)	Zunge
	5. Geruchssinn (olfaktorischer Sinn)	Nase
Fernsinne	1. Auditives System (Hören)	Ohren
	2. Visuelles System (Sehen)	Augen

Wie fest muss ich schieben? Der Bewegungssinn verrät es

Der Bewegungssinn

Der Bewegungssinn wird auch als kinästhetische Wahrnehmung bezeichnet. Er umfasst die Empfindung von Bewegungen des eigenen Körpers oder einzelner Körperteile im Zusammenspiel und den dabei auftretenden Kraftleistungen. Die Bewegungswahrnehmung erfolgt über in den Muskeln, Sehnen und Gelenken befindliche Rezeptoren. Rezeptoren sind Nervenzellen, die der Reizaufnahme dienen. Über sie werden dem Gehirn Informationen über die Muskelspannung und die Stellung der Gelenke zum Körper vermittelt. Diese kinästhetische Wahrnehmung wird z.B. durch Spiele gefördert, bei denen die Kinder Gegenstände ziehen oder schieben und dabei ein starker Zug und Druck auf die Sehnen und Gelenke erzeugt wird. Ebenso können auch Entspannungsübungen das Gefühl für die Körper- und Bewegungswahrnehmung verfeinern.

Der Gleichgewichtssinn

Die vestibuläre Wahrnehmung ist für die Gleichgewichtsregulation des Körpers verantwortlich. Für diese Funktion wichtige Rezeptoren befinden sich im Innenohr, daher wird das Ohr oft auch als Gleichgewichtsorgan bezeichnet. An der Regulierung des Gleichgewichts sind jedoch mehrere Bereiche beteiligt. Man bedenke nur, wie leicht man die Balance verliert, wenn man versucht, mit geschlossenen Augen über einen Balken zu balancieren. Die Gleichgewichtsregulation ist also ein sehr komplexer Vorgang, an dem mehrere Sinne Anteil haben. So wird der Gleichgewichtssinn z.B. bei Dreh- und Rollbewegungen um die Körperlängs- und -querachse trainiert, beim Schaukeln, beim Balancieren auf schmalem oder instabilem Untergrund. Gleichzeitig wirkt sich das vestibuläre System auch auf die Funktionsfähigkeit der anderen Sinne aus. Beim Balancieren über eine Mauer etwa wird auch das kinästhetische System angesprochen: Das Kind breitet die Arme zur Seite aus, um das Gewicht auf beiden Seiten gleich zu verteilen.

Der Geruchs- und Geschmackssinn

Der Geruchssinn eines Kindes ist bei seiner Geburt schon gut entwickelt, bereits Neugeborene können zwischen verschiedenen Gerüchen unterscheiden. Der Geruchssinn warnt uns Menschen z.B. vor ver-

Hier ist der Gleichgewichtssinn gefragt

Geruchssinn im Einsatz: Wonach riecht denn das?

Lustvolle Spielsituationen fördern die Sinneswahrnehmung

dorbener Nahrung oder anderen Gefahrenquellen. Der Geschmackssinn ermöglicht es uns, sowohl Nahrung zu genießen als auch ähnlich aussehende Nahrungsmittel zu unterscheiden. Geruchs- und Geschmackssinn sind eng miteinander verbunden.

5. Die Fernsinne

Der Sehsinn

Die visuelle Wahrnehmung ermöglicht es uns, Farben und Formen zu erkennen, Entfernungen einzuschätzen, Mengen zu erfassen und uns im Raum zu orientieren. Das Auge ist das wichtigste menschliche Informationsorgan. Der weitaus größte Teil von außen kommender Informationen wird über dieses Sinnessystem wahrgenommen. Im Alltag wird die visuelle Wahrnehmung aber auch oft überfordert, wenn bspw. die Wände im Kita-Gruppenraum mit Bildern überladen sind.

Der Hörsinn

Das auditive Wahrnehmungssystem ermöglicht uns die Aufnahme und Verarbeitung von akustischen Reizen, Tönen, Lauten und Geräuschen. Bereits im Mutterleib nehmen Kinder Geräusche und Töne wahr, das vertrauteste Geräusch ist der Herzschlag der Mutter. Von diesen Erfahrungen ausgehend differenziert sich die auditive Wahrnehmungsfähigkeit der Jungen und Mädchen immer mehr. Auf ihr baut auch die Entwicklung der Sprache und Kommunikationsfähigkeit auf.

6. Sinnliche Erlebnisse im Alltag

Kinder müssen zum intensiven Einsatz ihrer Sinne nicht ausdrücklich aufgefordert werden, sie suchen selbst nach sinnlichen Erlebnissen, wie das eingangs beschriebene Beispiel von Max und dem Wasserschlauch zeigt. Der Alltag in Kita und Tagespflege bietet den Kindern vielfältige Anlässe für Sinneserlebnisse sowie die Möglichkeit, ihre Wahrnehmungsfähigkeit zu differenzieren. So lässt z.B. ein Waldspaziergang alle Sinne der Kinder in Aktion treten (s. Kapitel VII). Und seit Generationen gilt: Für die schönsten Spiele brauchen Kinder nur zwei Dinge: Sand und Wasser. Wasser alleine ist schon ein sinnliches Vergnügen, Sand, Lehm und Erde sind es ebenso. Doch so richtig lustvoll wird es erst, wenn beide Elemente – Sand und Wasser – zusammenkommen. Sandburgen bauen und Figuren formen, im Sand graben und wühlen, sich selbst tief im Sand einbuddeln, Wasser in Sand einrühren und mit den Händen eine matschig schöne Kugel formen, drücken und glätten, barfuß durch den Sand stapfen und die Fußabdrücke verfolgen: Wasser und Sand sind Elemente der Natur, die die Sinne der Kinder herausfordern, ihren Forschergeist wecken und sie zu immer neuen Fragen führen.

PRAXISTIPP

Räume für alle Sinne

Um all ihre Sinne anzusprechen, sollten Räume für Kleinkinder:

- Ecken und Nischen enthalten, in die sie sich zurückziehen können,
- unterschiedliche Ebenen haben, damit Kinder die Dreidimensionalität des Raumes mit ihrem Körper erkunden und erfahren können,
- multifunktional eingerichtet sein, z. B. mit Tischen, an denen gegessen, gemalt oder geklettert werden kann und die sich auch zur Höhle umfunktionieren lassen,
- variable und großflächige Elemente aufweisen, z. B. große Schaumstoffblöcke, -elemente oder -kissen, mit denen die Kinder bauen und gestalten können, auf denen sie herumspringen und sich wälzen und die sie auch schieben und tragen können,
- Hocker und Podeste enthalten, die von den Kindern selbstständig verändert werden können, sodass immer wieder neue Bewegungslandschaften entstehen,
- mit Teppichen oder Isoliermatten ausgestattet sein, die die Kinder nach Belieben im Raum ausrollen können, um auf diese Weise neue Spielflächen zu erschließen.

U3-Glossar

Auf unserer Website finden Sie ein U3-Glossar, das wir kontinuierlich mit Fachbegriffen füllen.
www.herder.de/kk/u3-glossar/

Die Aufgabe der pädagogischen Fachkraft

Doch nicht immer reicht der Alltag aus, um die Wahrnehmungsfähigkeit der Kinder anzuregen. Hier können pädagogische Fachkräfte ergänzend Impulse setzen und Defizite ausgleichen. Die bewusst arrangierten Spielsituationen und Angebote der pädagogischen Fachkräfte – so wie sie in diesem Heft vorgestellt werden – fordern die kindliche Lust an Sinneswahrnehmungen heraus: Mit geschlossenen Augen durch den Raum geführt zu werden und dabei die in ihm verteilten Gegenstände zu ertasten, kann für Kleinkinder zu einem spannenden Spiel werden! Ein Balancierparcours, den ein Kind barfuß betritt, fordert die taktile Wahrnehmung ebenso heraus wie die kinästhetische Sensibilität – und ist nicht zuletzt ein kitzliges Vergnügen! Das auf dem Boden liegende Wackelbrett regt das Gleichgewichtssystem an, die Mädchen und Jungen können dabei selbst dosieren, wie intensiv sie sich dem Reiz des Ungleichgewichts aussetzen. Diese wohlüberlegten und auf den individuellen Entwicklungsstand der Kinder abgestimmten Angebote machen aus der Wahrnehmungsförderung kein Lernprogramm, sie bieten vielmehr lustvolle Spielsituationen, an denen die Kinder sich i. d. R. sehr gerne beteiligen.

Einladung zu selbst gesteuerten Erkundungen

Sensorische Erfahrungen sind dann am wirksamsten, wenn Kinder aktiv sind und autonom agieren können. Kinder mögen „sensorische Sensationen" nicht, weil damit ihre Entwicklung vorangetrieben und ihre Gehirnfunktionen trainiert werden. Sondern weil es schön, lustvoll und spannend ist, zu springen, zu schaukeln oder sich um die eigene Achse zu drehen. Bewegungsspiele vermitteln Erfahrungen des Gleichgewichts. Die Kinder üben sich in der kinästhetischen und taktilen Wahrnehmung, ohne dass ihnen dies bewusst wird und ohne dass sie hierbei gezielt angeleitet werden müssten. Entscheidend hierfür ist vielmehr, das vielfältige Potenzial von Alltagssituationen zu nutzen und ggf. gezielte Impulse zu setzen – so kann in der pädagogischen Arbeit mit Kleinkindern bereits die Raumgestaltung intensive Wahrnehmungserfahrungen anbahnen: Räume für junge Kinder sollten Möglichkeiten zum Betasten, Beriechen, Erkunden und Gestalten enthalten. Auch Bereiche, die sie dazu einladen, handwerklich tätig zu sein sowie ihre körperlich-motorischen Fähigkeiten zu entwickeln, sind für die Mädchen und Jungen ein Gewinn (Zimmer 2020).

Erfühlen und Berühren, Beobachten und Entdecken, Finden und

Fotos: Nadine Völker

Bestaunen – damit diese Prozesse in Gang kommen, bedarf es Spielsituationen, in denen das Kind selbst tätig werden kann, die sein Interesse wecken und es neugierig machen, in denen es seinen Körper und all seine verschiedenen Sinne einsetzen kann.

Durch Bewegung Neues lernen

Ein sensorisches System kann sich nur dann optimal entwickeln, wenn es trainiert wird. Das Zusammenspiel der Sinne wird gefördert durch körperliche Aktivitäten, sie setzen komplexe Anpassungsreaktionen in Gang. Kinder lernen Neues hinzu und durch die Anpassungsreaktionen hat das Gehirn die Chance, sich weiterzuentwickeln und sich damit besser zu „organisieren". Kinder suchen selbst nach solchen Lern- und Erfahrungsgelegenheiten, wie die genannten Beispiele des Spielens mit Wasser und Sand zeigen. Sich zu bewegen und die Welt mit allen Sinnen kennenzulernen, ist nicht nur elementares Bedürfnis eines Kindes. In den ersten Lebensjahren sind Wahrnehmung und Bewegung wichtige Erfahrungsmedien, von denen es abhängt, in welcher Weise das Kind seine Umwelt verarbeitet. Lernen im frühen Kindesalter ist in erster Linie Lernen über Wahrnehmung und Bewegung.

Glatt und rund: sinnliche Erkundung der Umwelt

Einer sinnesfeindlichen Umwelt entgegenwirken

Die sinnliche Wahrnehmung ist Grundlage aller Erkenntnis: Mit den Sinnen Erfahrenes führt zu neuen Fragen und zum Weiterforschen. Gleichzeitig wird die Wahrnehmungsfähigkeit weiter ausdifferenziert, die Selbsttätigkeit des Kindes wird angeregt, die Beobachtungsfähigkeit gestärkt: Warum ist nasser Sand schwerer als trockener Sand? Warum hinterlässt das Gehen im Kies keine Spuren? Was schwimmt auf dem Wasser und was sinkt? Dabei ist jedoch zu berücksichtigen, dass die meisten Mädchen und Jungen heute in einer sinnesfeindlichen Umwelt aufwachsen. In unserer „verkopften" Gesellschaft verschwindet das körperlich-sinnliche Erleben immer mehr, und so besteht schon bei sehr jungen Kindern die Gefahr, dass ihre sinnliche Wahrnehmung sich vorwiegend auf das Sehen und Hören reduziert, während körpernahe Wahrnehmungen immer mehr in den Hintergrund geraten. Alle Sinnesorgane brauchen jedoch Anregung, um zu funktionieren. Sie brauchen Training, um sich weiterentwickeln zu können. Sie müssen benutzt werden, um nicht zu verkümmern.

Literatur

Ayres, A. J.: Bausteine der kindlichen Entwicklung. Berlin: Springer 2016

Shantz, C.: Das sich entwickelnde Gehirn. In: Spektrum der Wissenschaft 11-1992, S. 44–52.

Zimmer, R.: Vom Greifen zum Begreifen. Entwicklungsförderung durch Bewegung. Freiburg: Herder 2011

Zimmer, R.: Handbuch Sinneswahrnehmung. Grundlagen einer ganzheitlichen Bildung und Erziehung. Freiburg: Herder 2019a

Zimmer, R.: Handbuch Bewegungserziehung. Grundlagen für Ausbildung und pädagogische Praxis. Freiburg: Herder 2020

Renate Zimmer

II. DIE TAKTILE WAHRNEHMUNG

Fühlen, spüren, berühren

Ob mit Mund, Händen oder Füßen: Kleinstkinder müssen berühren, was sie verstehen wollen. Sie müssen Dinge taktil erfassen, um sie zu durchschauen. Im Kita-Alltag gibt es viele Möglichkeiten, den Tastsinn spielerisch zu trainieren.

1. Die Bedeutung der taktilen Wahrnehmung

Der Mund, das erste Tastorgan

„Berühren verboten!", „Bitte nicht anfassen!" Überall findet man Hinweise und Verbotsschilder, bspw. in Kaufhäusern, Museen und Ausstellungen. Offenbar haben nicht nur Kinder, sondern auch Erwachsene das Bedürfnis, Dinge zu berühren. Nicht immer trauen wir unseren Augen; das Anfassen liefert Informationen, die durchs bloße Hinschauen nicht gewonnen werden. Kinder wollen und müssen Dinge anfassen und berühren, sie „handhaben", denn das ist die ihnen vertrauteste Art, Dinge kennenzulernen und sich ihrer Eigenschaften zu vergewissern. Sie „sehen" mit den Händen.

Die Haut ist das größte Sinnesorgan des Körpers. Über sie nehmen wir passiv mithilfe mechanischer Reize Berührungen wahr, gleichzeitig erkunden wir auch über das aktive Berühren unsere Umwelt. Fühlt sich ein Gegenstand glatt oder rau an, ist er spitz, eckig oder rund? Wie die Dinge beschaffen sind, lernt das Kind nur durch den konkreten Umgang mit ihnen. Es lernt sie kennen, wenn es sie ausgiebig erkunden darf. Erst dann kann es sie richtig „er-fassen" (s. Kapitel I).

Am empfindsamsten sind die Fingerspitzen und die Zungenspitze. Deshalb nehmen Kleinkinder alles in den Mund, hier können sie am intensivsten tasten und erkunden, einen Gegenstand untersuchen (s. INFO).

Berühren und berührt werden

Über die Haut spürt das Kind nicht nur, wie sich die Dinge anfühlen, es spürt auch, wie es von anderen Menschen berührt und gestreichelt wird. Schon für den Säugling ist die Haut ein wichtiges „Kommunikationsorgan", über das er Kontakt mit der Umwelt hält. Durch die Art, wie er gehalten und gedrückt wird, nimmt er wahr, wie die Person, die ihn in den Arm nimmt, ihm gegenüber eingestellt ist. Die taktile Kommunikation ist die erste Sprache des Kindes, auf der die verbale Sprache aufbaut. Der Tastsinn wird daher „die Mutter der Sinne" genannt. Taktile Berührung ist eine Grundlage der sozialen Existenz. Über den Tastsinn lernt das Kind bestenfalls, Berührungen die Bedeutung von Zärtlichkeit und Wärme zu geben. Bei Gefahr klammert sich das Kind an die Eltern, durch Streicheln und Liebkosungen erhält es Trost, in den Armen gehalten zu werden, gibt ihm Halt und Zuversicht. Berührungen werden jedoch nicht immer als angenehm wahrgenommen, sie können auch als grob, unangenehm oder schmerzhaft empfunden werden (Zimmer 2019a).

2. Den Tastsinn im Alltag fördern

Im Kita-Alltag gibt es viele Möglichkeiten, den Tastsinn zu trainieren: Barfuß laufen oder beim Krabbeln verschiedene Fußbodenbeläge erkunden gehört ebenso dazu wie das Malen mit Fingerfarben oder das Matschen mit Tapetenkleister.

Fotos: Nadine Vieker; Renate Zimmer

INFO

So funktioniert der Tastsinn

Dicht unter der Haut sitzen die Tastkörperchen: kleine Zapfen, in denen sich empfindliche Nervenzellen befinden. Wenn sie einen leichten Druck verspüren – bei Berührung der Haut – erzeugen sie ein winziges elektrisches Signal. Es wird über die Nervenbahnen zum Gehirn geleitet: Jetzt wird einem bewusst, dass man eine Berührung fühlt. Das Gehirn erkennt sofort, wie stark die Berührung ist und von welcher Stelle des Körpers das Signal kommt. Die Dichte der Tastkörperchen variiert in den einzelnen Körperteilen. Die meisten Tastkörperchen befinden sich beim Menschen am Handteller, an Fingerspitzen und Fußsohlen. Eine stärkere Berührung empfinden wir als Druck, einen sehr starken Druck als Schmerz (Zimmer 2019a).

Pädagogische Fachkräfte können Kinder auch bewusst auf Temperaturunterschiede verschiedener Materialien aufmerksam machen: „Was fühlt sich wärmer an? Der Holzboden oder die Fliesen im Waschraum?"

Wir spielen Schnitzel – rundherum paniert!

Das Spiel mit Wasser und Sand bereitet Kleinkindern ein sinnliches Vergnügen, das insbesondere den Tastsinn anspricht. Im Sand Löcher buddeln, ihn mit Wasser mischen und daraus „Kuchen" formen – was für ein Genuss, wenn der Matsch zwischen den Händen hervorquillt! Oder sich an einem Sommertag gegenseitig mit einem Wasserschlauch nass zu spritzen, um sich anschließend in den Sand zu legen, sich zu drehen und zu wenden, bis man wie ein Schnitzel paniert ist: Die Schwere des Sandes spüren die Kinder auf der Haut, sie genießen die kühlende Wirkung des nassen Sandes.

Mit den Fußsohlen fühlen, mit den Zehen greifen

Barfuß laufen ist selbst für die Jüngsten nicht mehr selbstverständlich. Schon früh werden die Füße in Schuhe gesteckt und damit am unmittelbaren Bodenkontakt gehindert. Schuhe verhindern die sinnliche Begegnung mit dem Boden und das bewusste Spüren der Fußbewegungen. Dabei ist die Fußsohle ein besonders empfindsames Sinnesorgan, sie fühlt, greift und erkundet gleichermaßen. Die Beschaffenheit des Bodens wird nur barfuß erlebt, deshalb ist es wichtig, Kindern fühlbare Fußerlebnisse zu ermöglichen: barfuß laufen, im Sommer auf der Wiese und auf steinigen oder sandigen Wegen, aber auch in der kälteren Jahreszeit, wenn die Füße immer weniger Bewegungsfreiheit haben. In der Kita kann z. B. der Fußboden in einigen Räumen als „Erlebnislandschaft" für die Füße gestaltet werden: Unterschiedliche Fußbodenbeläge (flauschige, glatte, kühle, warme Materialien, Teppiche und Steinfliesen, Holzboden, Kokosmatten) ergeben in ihrer Kombination reizvolle Taststraßen. Hier können die Füße „sehen" lernen.

Barfuß im Sand – ein Vergnügen für Hände und Füße

3. Praxisimpulse

Die Fähigkeit zur Differenzierung der taktilen Wahrnehmung kann mit Kleinkindern gut geübt werden, etwa in Spielsituationen mit geschlossenen Augen. Durch das Ausschalten des Sehsinns ist das Kind auf den Tastsinn angewiesen. Kinder schließen oft von sich aus die Augen, wenn sie gestreichelt werden; sie können Berührung dann besser genießen, weil sie sich ganz darauf konzentrieren können.

Tastbilder

BENÖTIGTE MATERIALIEN:

- Fell, Sandpapier, weicher Stoff, Knöpfe, Perlen, Wattebausche, Wellpappe, Schmirgelpapier, Seide, Leder, Samt
- Karton oder Span- /Korkplatte
- beidseitig klebendes Teppichklebeband

SO WIRD'S GEMACHT:

Unterschiedliche Materialien werden auf Karton oder einer Spanplatte zu einem Tastbild zusammengefügt. Verwenden Sie hierfür das

Flauschig, weich und warm: mit den Händen sehen

Steine befühlen und nach Eigenschaften sortieren

Klebeband. Ältere Kinder können selbst mitgestalten, die jüngeren gehen gemeinsam mit Ihnen zu Werke. Achten Sie darauf, Kontraste zu erzeugen: An eine samtige Oberfläche schließt sich ein grober Belag an (Samt – Baumrinde), neben einem weichen Belag (Watte) wird ein rauer angebracht (Schmirgelpapier). So können die Tastqualitäten besser unterschieden werden. Mit geschlossenen Augen untersuchen die Kinder gegenseitig ihre Tastbilder. Können die Hände „sehen", welche Materialien sich auf dem Tastbild befinden? Wie fühlt es sich an?

Steinesammlung

BENÖTIGTE MATERIALIEN:

- Kieselsteine in verschiedenen Größen und mit unterschiedlicher Oberfläche

SO WIRD'S GEMACHT:

Zunächst begutachten die Kinder die Steine: Gibt es raue oder glatte Steine, runde oder kantige, große oder kleine? Manche Eigenschaften kann man schon beim bloßen Anschauen erkennen, für andere muss man die Steine in die Hand nehmen. Welcher Stein fühlt sich spitz an, welcher rund? Die Steine können von den Kindern nach ihren Eigenschaften geordnet, in eine Reihe gelegt oder zu einem Bild angeordnet werden.

Variation: Ältere Kinder können „Steinrätsel" spielen: Ein Kind schließt die Augen, ein anderes gibt ihm einen Stein in die Hand. Mit geschlossenen Augen beschreibt das Kind nun den Stein: Ist er groß oder klein, rau oder glatt?

Krabbelstraße

BENÖTIGTE MATERIALIEN:

- Teppichfliesen mit unterschiedlicher Oberfläche
- Fußmatten

SO WIRD'S GEMACHT:

Legen Sie die Teppichfliesen und die Fußmatten auf dem Boden hintereinander zu einer Straße aus, zwischen den Fliesen kann auch Abstand gelassen werden. Die Kinder krabbeln über die Fliesenstraße und ertasten den Untergrund. Ist er weich oder kratzig, kalt oder warm?

Blindschleichen

SO WIRD'S GEMACHT:

Ein Spiel für zwei: Die pädagogische Fachkraft lässt sich vom Kind mit geschlossenen Augen durch die Kita führen. An einem Gegenstand (Stuhl, Wand, Garderobe) angekommen, soll sie diesen durch Abtasten erkennen und herausfinden, wo er sich befindet. Dann ist das Kind an der Reihe: Die pädagogische Fachkraft führt es an einer Hand und geht mit ihm zu bekannten Stellen: Erkennt es seinen Teddy, die Tür zum Waschraum oder das Treppengeländer?

Auch die Füße können sehen

SO WIRD'S GEMACHT:

Ein Barfußgang durch den Flur der Kindertagestätte – am besten mit geschlossenen Augen – führt zu neuen Entdeckungen: Wie fühlen sich Steinfliesen, Teppichboden, Kunststoff- oder Holzbelag an? (vgl. „Tastbilder" S.15) Was fühlt sich kalt an, was warm, wann ändert sich der Untergrund? Auch draußen kann man versuchen, mit den Füßen zu sehen: Was für ein Untergrund ist es, über den man sich gerade barfuß bewegt: Holz, Sand, Gras oder Steine? Wo wird es hart, wo werden die Fußsohlen gekitzelt?

Formen erkennen

BENÖTIGTE MATERIALIEN:

- mehrere Gebäckformen mit erkennbaren Motiven, z. B. Sterne, Kreise, Engel

SO WIRD'S GEMACHT:

Die Kinder schauen sich die Gebäckformen zunächst an und benennen, welches Motiv sie erkennen. Dann schließen sie die Augen und die pädagogische Fachkraft (oder ein anderes Kind) legt ihnen eine Form in die Hand. Um welche Form handelt es sich?

Formen-Memory

BENÖTIGTE MATERIALIEN:

- mehrere Gebäckformen (jeweils zwei von einer Form)

Fotos: Nadine Vieker; Harald Neumann

SO WIRD'S GEMACHT:

Die Gebäckformen liegen ungeordnet auf dem Tisch. Die Kinder versuchen, sie mit geschlossenen Augen paarweise zuzuordnen: Finden sie zwei Engel, zwei Sterne, zwei Vögel? Besonders schwierig wird es, wenn es die gleiche Form in unterschiedlichen Größen gibt.

Überraschungskiste

BENÖTIGTE MATERIALIEN:

- 1 großer Pappkarton
- 1 Stück Stoff
- Ball, harte Holzkugel, weiches Kissen u. Ä.
- Schere

SO WIRD'S GEMACHT:

Ein großer Pappkarton wird so aufgestellt, dass der hintere Teil aufgeklappt werden kann. In den vorderen Teil eine handgroße Öffnung schneiden und diese mit einem Stück Stoff zuhängen. Ein Kind legt, für die anderen unsichtbar, einen Gegenstand durch die Klappe, der sich gut dazu eignet, durch Ertasten erkannt zu werden. Die Mitspieler können nun raten, um was es sich handelt. Wer es erraten hat, darf als nächster einen Gegenstand in die Überraschungskiste legen. Die Gegenstände sollten typische Qualitäten haben wie rund (für Ball) oder weich (für Kissen) etc.

Taströhre

BENÖTIGTE MATERIALIEN:

- 1 große Pappröhre (Teppich- oder Papierrolle)
- Kuscheltier, Spielzeugauto u. Ä.

SO WIRD'S GEMACHT:

Stecken Sie einen Gegenstand in die Röhre. Zwei Kinder greifen mit ihren Händen von beiden Seiten gleichzeitig in die Pappröhre und versuchen, den Gegenstand zu ertasten. Natürlich sollten sie nicht sehen, welcher Gegenstand hineingesteckt wurde. Können sie es gemeinsam erraten? Wie fühlt sich der Gegenstand an?

Tastsack

BENÖTIGTE MATERIALIEN:

- 1 kleiner Kopfkissenbezug oder Leinen-Einkaufsbeutel
- 2 Wäscheklammern
- 2 Löffel
- 2 Tennisbälle

SO WIRD'S GEMACHT:

Legen Sie verschiedene Gegenstände, von denen immer jeweils zwei vorhanden sind, in einen Kopfkissenbezug oder einen Leinen-Einkaufsbeutel: zwei Wäscheklammern, zwei Löffel, zwei Tennisbälle etc. Nacheinander darf jeder Mitspieler in den Sack greifen und versuchen, zwei gleiche Gegenstände zu finden. Natürlich darf dabei nicht in den Sack geschaut werden.

Mansch- und Matschspiele

BENÖTIGTE MATERIALIEN:

- Eierkartons
- Wasser
- Tapetenkleister

SO WIRD'S GEMACHT:

Eierkartons in Wasser einweichen und mit Tapetenkleister vermischen. Beim Manschen mit Pappmaché machen Kinder intensive taktile Erfahrungen. Allein schon das Kneten und Vermengen der Pappe mit dem Wasser ist ein großes sinnliches Vergnügen; wie beim Spielen mit nassem Sand quillt die Masse auch hier zwischen den Fingern hervor, ist aber viel glitschiger. Aus dem aufgequollenen Teig können Figuren geformt werden, die, luftgetrocknet, einigermaßen haltbar sind.

Wie fühlt sich das an? Kalt und glatt?

Literatur

Zimmer, R.: Vom Greifen zum Begreifen. Entwicklungsförderung durch Bewegung. Freiburg: Herder 2011

Zimmer, R.: Kreative Bewegungsspiele. Freiburg: Herder 2015

Zimmer, R.: Handbuch Sinneswahrnehmung. Grundlagen einer ganzheitlichen Bildung und Erziehung. Freiburg: Herder 2019a

Zimmer, R.: Handbuch Bewegungserziehung. Grundlagen für Ausbildung und pädagogische Praxis. Freiburg: Herder 2020

Renate Zimmer

III. DIE KINÄSTHETISCHE WAHRNEHMUNG

Behutsam anfassen – beherzt zupacken?

Den eigenen Körper und seine Möglichkeiten und Grenzen kennenlernen – das gelingt Kindern durch kinästhetische Wahrnehmung. Doch der Bewegungssinn verhilft ihnen noch zu weiteren Erkenntnissen …

I. Die Bedeutung der kinästhetischen Wahrnehmung

Leicht oder schwer? Die kinästhetische Wahrnehmung verrät es

Wenn wir mit geschlossenen Augen oder im Dunkeln einen Apfel essen, finden wir ohne Mühe unseren Mund. Auch beim Klatschen in die Hände müssen wir nicht mit den Augen kontrollieren, dass die eine Handfläche auf die andere trifft. Dass dies funktioniert, liegt an der sog. kinästhetischen Wahrnehmung, der Lage- und Bewegungsempfindung, die durch Muskeln und Gelenke vermittelt wird. Sie ist uns meist nicht bewusst, wir können automatisch auf sie zugreifen, da wir sie oft geübt haben und ein inneres Bild über den Ablauf alltäglicher Bewegungen in uns tragen. Die kinästhetische Wahrnehmung gehört mit dem Tastsinn (taktile Wahrnehmung) und dem Gleichgewichtssinn (vestibuläre Wahrnehmung) zu den sog. Basissinnen, mittels derer das Kind grundlegende Erfahrungen über die Beschaffenheit seiner Umwelt macht, durch die es gleichzeitig aber auch seinen eigenen Körper wahrnimmt. Es lernt seinen Körper und dessen Grenzen kennen, es lernt die Bewegungen so zu steuern, dass es z.B. nicht an das Mobiliar eines Raumes stößt. Aus dieser Eigenwahrnehmung baut sich die Körperwahrnehmung auf: Das Kind kann eine Vorstellung von seinem Körper entwickeln, es lernt seine Kraft z.B. so zu dosieren, dass es ein rohes Ei oder ein lebendes Küken vorsichtiger anfasst als einen harten Stein. Wie sich die Oberfläche eines Gegenstandes anfühlt, ob sie rau oder glatt ist, kann man durch Tasten erkennen. Ob ein Gegenstand allerdings hart oder weich ist, kann man nur unter Hinzuziehen der kinästhetischen Wahrnehmung – hier vor allem durch den Kraftsinn – herausfinden. Will man z.B. feststellen, wie reif eine Melone ist, reicht es nicht aus, sie anzuschauen oder zu berühren, man muss sie auch mit den Fingern eindrücken, um so ihre Festigkeit zu überprüfen (vgl. Zimmer 2019a).

Die Entwicklung in Bewegung bringen

Bewegungsaktivitäten tragen dazu bei, dass die kinästhetische Wahrnehmungsfähigkeit ständig herausgefordert und damit auch in ihrer Funktionsfähigkeit verbessert wird. Aufgrund der Verarbeitung der Sinnesreize im Gehirn werden nicht nur die Bewegungsabläufe zunehmend besser gesteuert und automatisiert, sondern auch die Gesamtentwicklung des Kindes angeregt.

Fotos: Nadine Vieker

Beim Schieben und Ziehen erproben Kinder ihre Kräfte

2. Den Bewegungssinn im Alltag fördern

Schieben und Ziehen sind für die meisten Kleinkinder besonders interessante Tätigkeiten:

Larissa, ein Jahr alt, schiebt mit großer Begeisterung ihren Kinderwagen durch die Wohnung. Seit sie laufen kann, will sie beim Spaziergang nicht mehr im Buggy sitzen. Aber er muss mit, wenn es nach draußen geht. Sie benutzt ihn als Stütze beim Laufen, kippt ihn und schiebt ihn auf zwei Rädern durch die Gegend. Ist Julia, ihre ein Jahr ältere Freundin, zu Besuch, gehört es zum liebsten Spiel der beiden, sich gegenseitig in Kisten sitzend durch den Raum zu schieben. Aus der Babybadewanne wird ein Boot, mit dem man die Freundin verschiffen oder in dem man sich von den Eltern umherfahren lassen kann.

Beim Schieben und Ziehen wird Selbstwirksamkeit erfahren

Wie Larissa sind die meisten jüngeren Kinder begeisterte „Schieber": Kaum können sie stehen, schieben sie Gegenstände durch den Raum – einen Stuhl, einen Hocker, eine Kiste. Nichts ist ihnen zu schwer, wenn es sich nur bewegen lässt. Hier erproben sie ihre Kräfte, sie können ein Objekt von der Stelle bewegen und so feststellen, dass sie selbst etwas bewirken können (Zimmer 2012). Deshalb sollten Kinder auch immer beteiligt werden, wenn ein Umräumen des Raumes ansteht, z.B. für ein Spiel, oder wenn Hocker und Podeste für einen Sitzkreis zusammengeschoben werden sollen. Schiebe- und Ziehspiele benötigen kein besonderes Material – große Pappkartons sind ebenso geeignet wie Tücher, Teppichfliesen und Fußmatten. Gerne beteiligen sich Kleinkinder auch am Aufräumen und Saubermachen: Mit einem Besen den Boden zu fegen oder einen Eimer hinter sich herzuziehen und darin Gegenstände einzusammeln, ist für sie eine beliebte Aufgabe.

Rutschen, drehen, wälzen, rollen

Sich um die eigene Achse drehen, den Körper in verschiedenen Lagen spüren können – das ist für junge Kinder ein herrliches Gefühl. Sie entdecken, dass sie ihren Körper in verschiedenen Positionen drehen, rollen, wälzen können. Dieser Spaß wird vielfach wiederholt, an verschiedenen Orten, auf verschiedenem Untergrund – mal auf dem weichen Bett, mal auf hartem Fußboden. Bei jeder Wiederholung lernt das Kind Neues hinzu, etwa, dass es seinen Rücken beim Rollen rundmachen muss, dass es den Kopf nicht in den Nacken, sondern auf die Brust legen sollte und dass ein Purzelbaum von einer erhöhten Abrollfläche viel mehr Schwung mit sich bringt, als wenn es diesen vom ebenen Fußboden aus startet.

3. Praxisimpulse

Rutschbahn

BENÖTIGTE MATERIALIEN:

- 1 große Decke, Turnmatte oder stabiles Bettlaken

SO WIRD'S GEMACHT:

Einige Kinder setzen sich auf die Decke. Die anderen Mädchen und Jungen fassen die Decke an einer Kante an und ziehen diese mit Ihrer Hilfe durch den Raum. Das ist schwere

Ob mit Wolldecke oder Turnmatte: Auf der „Rutschbahn" geht es durch den Raum

Arbeit: Es müssen mindestens so viele Kinder mithelfen wie auf der Decke sitzen. Nach einer Runde „Rutschbahn“ wird gewechselt: Die Kinder, die in der ersten Runde gezogen haben, können sich nun auf die Decke setzen, legen oder knien – und werden wiederum durch den Raum gezogen.

Trockenplanschbecken

BENÖTIGTE MATERIALIEN:

- 1 aufblasbares Planschbecken
- viele Badeschwämme oder anderes weiches Material

SO WIRD'S GEMACHT:

Ein aufblasbares Planschbecken wird statt mit Wasser mit trockenen Badeschwämmen gefüllt. Die Kinder setzen sich in das Becken, kuscheln sich in die Schwämme oder bewerfen sich damit.

Variation für ältere Kleinkinder: Einige Kinder befinden sich im Planschbecken, die anderen stehen außen. Die Schwämme werden nun von den Kindern, die sich im Planschbecken befinden, aus diesem hinausgeworfen. Die draußen stehenden Kinder werfen die Schwämme schnell wieder zurück ins Becken.

Schatzsuche im Kastanienbad

BENÖTIGTE MATERIALIEN:

- viele Kastanien
- 1 Wanne
- kleiner Ball

SO WIRD'S GEMACHT:

Im Herbst sammeln Sie gemeinsam mit den Kindern Kastanien. In der Kita wird dann ein Kastanienbad eingelassen. Je nach Größe der Kastanienwanne können nun mehrere Kinder einsteigen, sich hineinlegen und die Massage durch die Kastanien auf der Haut genießen. Verstecken Sie einen Schatz in der Kastanienbadewanne (z.B. einen kleinen Ball, etwas größer als die Kastanien). Die Kinder können den Schatz suchen und die Kastanien durchwühlen, bis sie den Ball entdeckt haben. Ältere Kinder können das mit geschlossenen Augen versuchen.

Schwämme ausdrücken

BENÖTIGTE MATERIALIEN:

- mehrere Schwämme in verschiedenen Größen
- mehrere mit Wasser gefüllte Eimer

SO WIRD'S GEMACHT:

Im Freien oder im Waschraum spielen die Kinder mit Wasser und Schwämmen: Mithilfe der Schwämme saugen sie Wasser aus einem Eimer auf. Ist der Schwamm nass und schwer, können sie mit ihm das Wasser an einen anderen Ort bringen und dort ausdrücken. Der Schwamm ist dann wieder leicht und fast trocken. Finden Sie gemeinsam mit den Mädchen und Jungen heraus, wann der Schwamm besonders leicht und wann er besonders schwer ist. Wie muss der Schwamm zusammengedrückt werden, wenn dabei nur ein klein bisschen Wasser heraustropfen soll?

Fuß-Hand-Weg

BENÖTIGTE MATERIALIEN:

- festes Papier
- dicke Stifte
- Schere

SO WIRD'S GEMACHT:

Einige Kinder stellen sich mit nackten Füßen auf das Papier. Zeichnen Sie nun gemeinsam mit den anderen Mädchen und Jungen die Umrisse der Füße und Hände nach und schneiden Sie diese aus. Die Papier-Hände und -Füße werden nun im Raum ausgelegt – achten Sie darauf, dass diese nicht zu weit auseinanderliegen. Die Kinder benutzen die Spuren nun als „Wegsteine“: Auf allen vieren versuchen sie sich vorwärtszubewegen, indem sie auf eine Papier-Hand immer nur eine ihrer Hände, auf einen Fußumriss nur einen ihrer Füße setzen. Bei älteren Kleinkindern können Sie evtl. auch schon zwischen rechten und linken Händen bzw. Füßen unterscheiden.

Tierisches Rollenspiel

BENÖTIGTE MATERIALIEN:

- Bildkarten mit den Kindern bekannten Tieren

Papier-Füße für einen besonderen „Fußweg“

Fotos: Coretta Koch; Nadine Vieker

SO WIRD'S GEMACHT:

Schwerfällig trottet der Elefant, ein Vogel flattert mit den Flügeln, die Maus huscht schnell und lautlos durch den Raum, der Frosch springt sogar über Hindernisse: In tierischen Rollen erproben die Kinder die Dynamik ihrer Bewegung. Die Bildkarten – und ggf. Ihre Impulse – geben ihnen Hinweise darauf, wie sich das jeweilige Tier bewegen könnte. Doch können die Mädchen und Jungen natürlich auch mit eigenen Bewegungsformen probieren, die Tiere zu charakterisieren.

Wenn die Triangel ertönt, halten alle Kinder in der Bewegung inne

Welche Dose ist leer?

BENÖTIGTE MATERIALIEN:

- 2 gleich aussehende Dosen oder Schachteln
- Watte, Wolle, Zeitungspapier, Sand

SO WIRD'S GEMACHT:

Die Dosen mit verschieden schwerem, aber keinerlei Geräusch verursachendem Inhalt füllen. Die Kinder können nun herausfinden, welche der Dosen leer ist, welche die schwerste ist etc. Die Dosen müssen so mit dem Füllmaterial ausgestopft sein, dass beim Hochheben oder Schütteln keine Geräusche entstehen. Begleiten Sie die Kinder sprachlich bei der Lösungssuche.

Kissenschlacht

BENÖTIGTE MATERIALIEN:

- mehrere kleine und große Kissen oder Schaumstoffwürfel
- Seil oder Kreide

SO WIRD'S GEMACHT:

Alle Kinder haben Kissen oder Schaumstoffwürfel vor sich, mit denen sie Sie bewerfen dürfen – dabei müssen sie aber mindestens zwei Meter Abstand zu Ihnen halten (das Seil auslegen oder mit Kreide einen Strich auf den Boden malen). Wer schafft es, Sie zu treffen? Sie dürfen die Kissen natürlich auch wieder sanft zurückwerfen. Danach legen sich alle Mitspieler auf die Kissen bzw. Schaumstoffwürfel und ruhen sich aus (Zimmer 2018).

Verzaubern

BENÖTIGTE MATERIALIEN:

- 1 Zauberstab
- 1 Glöckchen oder Triangel

SO WIRD'S GEMACHT:

Die Kinder bewegen sich frei im Raum. Sie (oder ein Kind) spielen die Zauberin. Wenn Sie Ihren Zauberstab hochhalten, müssen alle plötzlich in der Haltung, in der sie sich gerade befunden haben, erstarren. Wie lange können die Kinder in dieser Zauberhaltung verharren? Nach kurzer Zeit erklingt ein Signal dafür, dass der Zauber vorbei ist und sich alle wieder frei im Raum bewegen können. Nun wird ein neuer Zauberer bestimmt, der das Signal fürs Erstarren geben darf.

Sandsäckchen spüren

BENÖTIGTE MATERIALIEN:

- 1 Matte für jedes Kind
- Musikanlage
- Sandsäckchen

SO WIRD'S GEMACHT:

Jedes Kind legt sich bäuchlings auf eine Matte. Sie stellen die Musik an, die Kinder träumen, manche schlafen ein. Dann stellen Sie die Musik wieder aus und wecken alle auf; dazu legen Sie jedem Kind ein Sandsäckchen auf den Rücken. Die Kinder spüren, wo das Sandsäckchen liegt und wie schwer es ist: Die Körperstelle, auf der sie das Säcken spüren, zeigen Ihnen die Mädchen und Jungen. Beim Wachwerden dürfen sie das Sandsäckchen auch abschütteln.

Variation: Die Kinder liegen auf dem Bauch auf einer Decke und schließen die Augen. Sie legen jedem Kind nacheinander mehrere Sandsäckchen auf den Rücken. Nach einer Weile nehmen Sie die Säckchen wieder herunter. Jedes Kind, das fühlt, dass es kein Sandsäckchen mehr auf seinem Körper liegen hat, steht auf. Haben alle Kinder gespürt, wie der Körper beim Auflegen der Säckchen schwerer wurde – und beim Abnehmen wieder leichter?

Literatur

Zimmer, R.: Handbuch Sinneswahrnehmung. Grundlagen einer ganzheitlichen Bildung und Erziehung. Freiburg: Herder 2019a

Zimmer, R.: Handbuch Bewegungserziehung. Grundlagen für Ausbildung und pädagogische Praxis. Freiburg: Herder 2020

Die vollständige Literaturliste erhalten Sie auf Anfrage bei der Redaktion.

Renate Zimmer

IV. DIE VESTIBULÄRE WAHRNEHMUNG

Die Balance finden

Der Gleichgewichtssinn sorgt dafür, dass Kleinstkinder ihren Körper aufrecht halten und drehen können. Bereits bei Lage- und Richtungswechsel im Mutterleib spielt das Gleichgewicht eine große Rolle.

Ganz schön schief, dieser Parcours

Foto: Nadine Vieker

1. Die Bedeutung der vestibulären Wahrnehmung

Unser gesamtes Leben hindurch sind wir auf unseren Gleichgewichtssinn angewiesen – von klein auf bis ins hohe Alter: das Kleinkind beim Laufenlernen, ältere Menschen, damit sie nicht stürzen. In der Zeit dazwischen kann es Spaß machen, den Gleichgewichtssinn mal zu verschaukeln – das wissen Jugendliche, die begeistert über eine Slackline balancieren ebenso wie Karussell-Fans, die versessen sind auf das Gefühl des Fliegens, Drehens, Schaukelns, des Schwindels im Kopf und Kitzelns im Bauch.

Ein Organ, das um Ausgleich bemüht ist

Mithilfe des Gleichgewichtssinns können wir unseren Körper aufrechthalten und uns im Raum orientieren. Wir sind durch ihn in der Lage, Beschleunigungen, Richtungs- und

INFO

Das Vestibular- oder Gleichgewichtsorgan

Das Organ für den Gleichgewichtssinn befindet sich im Innenohr neben dem eigentlichen Hörorgan, der sog. *Schnecke*. Da das Gleichgewichtsorgan dort in einer Art Vorhof (lateinisch *vestibulum*) liegt, wird es auch als *Vestibularapparat* bezeichnet. Dieser Apparat besteht aus drei großen senkrecht zueinander angeordneten Röhren, den sog. *Bogengängen* sowie aus den benachbarten *Körperhöhlen*. Die Röhren und Kammern sind miteinander verbunden und werden auch als *Labyrinth* bezeichnet. Da wir zwei Ohren haben, befindet sich dieses Vestibularsystem symmetrisch auf beiden Seiten des Kopfes jeweils im Innenohr.

Drehbewegungen bzw. Haltungs- und Lageveränderungen des Körpers wahrzunehmen und darauf zu reagieren. Der Jugendliche auf der Slackline pendelt z. B. mit den Armen, um das Gleichgewicht nicht zu verlieren, das Kleinkind greift beim Gehen über Kopfsteinpflaster nach der Hand der Eltern, weil ihm Sensoren im Vestibularapparat signalisieren: „Vorsicht, hier ist das Laufen nicht so einfach wie auf glattem Boden – der Untergrund ist viel holpriger!"

2. Entwicklung des Gleichgewichtssinns

Der Gleichgewichtssinn ist neben dem Tastsinn und dem kinästhetischen Sinnessystem eines der ersten funktionierenden Systeme des Fötus im Mutterleib. Es bildet sich bereits zwischen der sechsten und achten Schwangerschaftswoche aus und entwickelt sich ab da ständig weiter, da der Fötus durch seine Lageveränderungen im Mutterleib die Entwicklung permanent vorantreibt (vgl. Zimmer 2019a).

Die Schwerkraft besiegen
Ab der Geburt wird der Säugling mit der Schwerkraft der Erde konfrontiert. Durch seine Vorübungen im Mutterleib besitzt er die Fähigkeit, vestibuläre Reize zu verarbeiten und den Kampf gegen die Schwerkraft aufzunehmen, der ihn in den ersten Lebensjahren intensiv beschäftigen wird, denn wer seine Umwelt erkunden will, muss seine Lage verändern. Schon die geringste Lageveränderung stellt eine Gleichgewichtsaufgabe für den Säugling dar, die er lange übt, bevor er sich in die nächste Position wagt (Pikler & Tardos 2018). Ob das Kind versucht, den Kopf anzuheben oder seinen Körper herumzudrehen: Bei all diesen Aktionen spielt das Gleichgewichtsorgan eine entscheidende Rolle (s. INFO).

INFO

Verschiedene Formen des Gleichgewichts

- Statisches Gleichgewicht/Standgleichgewicht: Erhalt bzw. Wiederherstellen des Gleichgewichts bei Bewegungen ohne Ortsveränderungen, z. B. beim Stehen auf einem Bein, auf begrenzter oder beweglicher Oberfläche; für ein Kleinkind auch schon das Aufrichten auf seinen Beinen.
- Dynamisches Gleichgewicht/Balanciergleichgewicht: Gleichgewicht bei Bewegungen mit Ortsveränderungen, z. B. beim Gehen, Treppensteigen, Balancieren auf Geräten sowie Fortbewegung mit Roller, Fahrrad oder Rollbrett.
- Drehgleichgewicht: Körpergleichgewicht bei und nach Drehbewegungen, z. B. wenn sich Kleinkinder vom Bauch auf den Rücken drehen und umgekehrt. Auch Schaukelerfahrungen gehören zu dieser Form des Gleichgewichts.
- Objektgleichgewicht: Damit ist das Balancieren von Materialien (z. B. Sandsäckchen) auf dem Körper (Hand, Kopf) gemeint.

Schnell unterwegs
Wenn sie das Stehen zunehmend beherrschen, versuchen sich Kleinkinder am Laufenlernen. Hierzu müssen sie das Gleichgewicht auch im dynamischen Prozess aufrechterhalten. Kinder kompensieren die anfänglichen Unsicherheiten beim Laufen oftmals durch Schnelligkeit.

3. Den Gleichgewichtssinn im Alltag fördern

Der kleinkindliche Bewegungsdrang ist eine starke Ressource für die gesamte Entwicklung. Junge Kinder suchen beim Schaukeln, Balancieren, Drehen und Klettern jene Sinneserfahrungen, die sie sowohl für ihre physische, als auch für ihre psychische Entwicklung benötigen. Hierzu sollten Jungen und Mädchen im Kita-Alltag möglichst viele Gelegenheiten haben.

Loslassen oder festhalten?
Das bedeutet für den Erwachsenen, sich zurückzunehmen, um dem Kind die Chance zu geben, sich selbst auszuprobieren: Die Hand der pädagogischen Fachkraft loszulassen, wieder zuzufassen, um anschließend doch erneut loszulassen, ein oder zwei unsichere Schritte zu gehen, um beim dritten auf den Boden zu plumpsen. Das Fallen hält das Kind nicht davon ab, einen weiteren Versuch zu unternehmen, denn es weiß instinktiv, was es voranbringt. Die Sicherheit wieder aufgeben und immer wieder neu gewinnen: Nur so lernen Kinder.

Neue Erfahrungen für die Jüngsten
Um den Gleichgewichtssinn von Säuglingen anzuregen, sollten pädagogische Fachkräfte die Erfahrungen mit der Schwerkraft, die die Kinder tagtäglich bei fast jeder Bewegung machen, erweitern: Dafür heben sie das Kind hoch, vielleicht sogar auf unterschiedliche Weisen, einmal direkt, einmal über die Seite, tragen es auf dem Arm oder in einem Tuch, schaukeln es hin und her. Das Kind muss sich dadurch immer wieder neu im Raum orientieren, erfährt die Schwerkraft und lernt mit ihr umzugehen.

4. Ein Fallbeispiel

Die stürmische Steffi & die ängstliche Emily

Mit Getöse stürmt die zweijährige Steffi in den Bewegungsraum. Während die anderen Kinder noch still auf der Bank oder bei ihrer Mutter auf dem Schoß sitzen, hat Steffi schon die Aufbauten erstürmt. Nach mehrmaligem Umrunden und etlichen Aufforderungen nimmt sie, noch immer brüllend, dann doch Kurs auf die Anfangsrunde. Währenddessen hat die zweieinhalbjährige Emily den Kontakt zu ihrer Mutter intensiviert, indem sie sich tief in deren Arme „eingekrümelt" hat. In der Anfangsrunde schaut sie fast ängstlich und beobachtet Steffi, die sich inzwischen die Triangel gegriffen hat und diese unter betontem Krafteinsatz bedient. Steffi stürmt zurück zu den Aufbauten – lautstark wie gehabt. Im Nu hat sie das Piratenschiff geentert, reißt ihre Arme hoch und saust wieder hinunter, wobei sie fast über ihre eigenen Beine stolpert. Schnell rennt sie zum Varussell, wo sie ihre Mutter schneller und noch schneller in Fahrt bringen soll. Emily hingegen erkundet das Piratenschiff erst kurz vor Ende der Bewegungsstunde, als die anderen Kinder nicht mehr mit diesem beschäftigt sind. Die Nähe und der hilfesuchende Blick zur Mutter begleiten den Prozess des Hochkletterns zum Piratenschiff. Der wackelige Untergrund verunsichert Emily zusehends, nach kurzer Zeit sucht sie lieber wieder Halt in den Armen ihrer Mutter.

Die beschriebenen Verhaltensweisen können auf unterschiedliche Reizempfindlichkeiten im Hinblick auf das vestibuläre Sinnessystem hindeuten: Steffi hat ein scheinbar unstillbares Bewegungsbedürfnis, bevorzugt Aktivitäten, in denen sie intensive Stimulationen des Gleichgewichtsorgans erfährt. Sie liebt es, ihre Grenzen auszutesten und begibt sich oft in Situationen, die nicht gefahrlos sind. Dies könnte auf eine *vestibuläre Unterempfindlichkeit* hinweisen (Zimmer 2019a). Emily hingegen verunsichert es, wenn der Boden sich plötzlich als wackelig erweist, der Untergrund unter ihren Füßen schmaler wird und das sichere Gefühl des Gehens, das ihr ja noch gar nicht lange vertraut ist, schon wieder verloren scheint. Auch Drehbewegungen auf dem Varussell oder schmale Bordsteinkanten meidet sie. Diese Verhaltensweisen könnten auf eine sog. *vestibuläre Überempfindlichkeit* hindeuten.

Ganzheitlich fördern

Falls Ihnen bei einem Kind die oben beschriebenen Verhaltensweisen auffallen, beobachten Sie es zunächst aufmerksam. Wenn sich die Verhaltensweisen über einen längeren Zeitraum zeigen und bestätigen, soll-

Wackelige Herausforderungen möchten Kinder manchmal ganz alleine meistern

Foto: Nadine Vieker

ten Sie gemeinsam mit den Eltern und einer Fachperson über geeignete Fördermaßnahmen nachdenken und z.B. den Besuch einer Psychomotorikgruppe empfehlen. Die Verhaltensauffälligkeiten könnten zwar auf eine *vestibuläre Wahrnehmungsstörung* hinweisen, dies bedeutet für die weitere pädagogische Arbeit jedoch nicht, Steffi und Emily ausschließlich mit Fokus auf diesen Wahrnehmungsbereich zu fördern. Da alle Wahrnehmungsbereiche eng miteinander verbunden sind und sich gegenseitig beeinflussen, ist eine ganzheitliche Stimulierung der Sinnessysteme eher angebracht. Emily muss Zeit und Gelegenheit gegeben werden, ihre Erfahrungen mit dem Gleichgewichtssinn zu machen. Bei Steffi sollte der Schwerpunkt eher darauf liegen, ihr zum einen ihre Grenzen aufzuzeigen, zum anderen aber auch das Risiko und die anschließende Konsequenz zuzulassen, nach dem Motto: „Fallen lernt man erst beim Fallen."

5. Praxisimpulse

Piratenschiff

BENÖTIGTE MATERIALIEN:

- Turnmatten, Kissen, ggf. große Weichbodenmatte
- Seile, Handtücher o. Ä.

SO WIRD'S GEMACHT:
In Küstennähe hat ein riesiges Piratenschiff aus Matten, Kissen sowie evtl. einer großen Matte, die schräg an eine Sprossenwand gelehnt und befestigt wird, seinen Anker ausgeworfen. Das Schiff gilt es nun zu erstürmen, das kann auf verschiedenen Wegen geschehen: Rundherum sind kleine und große Kästen aufgebaut, über die das Piratenschiff erklommen werden kann. Zusätzlich hängen Seile etc, vom „Schiff" herab, mit deren Hilfe die Kinder auf dieses hinaufklettern können.

Selbst gebauter Balancierweg

Foto: Harald Neumann

Fliegender Teppich

BENÖTIGTE MATERIALIEN:

- Turnmatten (alternativ Teppiche oder Wolldecken)

SO WIRD'S GEMACHT:
Die Kinder sitzen oder knien auf Matten, die von Ihnen als „fliegende Teppiche" durch den Gruppenraum gezogen werden. Das Tempo lässt sich dabei variieren, es können breite und enge Kurven gefahren und auch abrupte Stopps eingelegt werden (Zimmer 2018).

Kissenstraße & Balancierwege

BENÖTIGTE MATERIALIEN:

- Sofakissen
- Teppichfliesen
- Kirschkernsäckchen u. Ä.

SO WIRD'S GEMACHT:
Errichten Sie Balancierwege, die das Gleichgewicht der Kinder herausfordern. Verteilen Sie hierfür verschiedene Materialien auf dem Boden. Nun können die Kinder probieren, sich auf dieser wackeligen Kissenstraße fortzubewegen. Ältere Kleinkinder können versuchen, während des Balancierens kleine Materialien wie Bücher auf dem Kopf zu transportieren („afrikanische Lastenträgerin"). Für die Jüngeren ist es hingegen herausfordernd genug, über die Kissenstraße zu krabbeln (Zimmer 2018).

Waschmaschine

BENÖTIGTE MATERIALIEN:

- 1 Schwungtuch (alternativ Bettlaken)

SO WIRD'S GEMACHT:
Ein Kind setzt sich in das Tuch, Sie und eine weitere pädagogische Fachkraft halten dieses an den Enden fest und setzen es langsam, je nach Waschgang, in Bewegung: Vorwäsche bedeutet langsam fortbewegen, Hauptwäsche schneller und Schleudern sehr schnell. Anschließend kommt der „Trockengang", indem das Tuch von Ihnen schnell hoch und runter bewegt wird.

Eine „Bootsfahrt“ auf rauer See

Bootsfahrt

BENÖTIGTE MATERIALIEN:

- 1 kleine Matte
- 3 Turnreifen

SO WIRD'S GEMACHT:

Um dieses Boot zu bauen, benötigen Sie eine relativ stabile, kleine Matte oder eine dünne Matratze und drei Reifen, in die Sie die Matte stecken. Die Kinder betreten das Schiff, nehmen ihre Plätze ein und werden gebeten, sich an der Reling festzuhalten. Nun beginnt die Schifffahrt auf eine wunderschöne Insel, indem das Boot in Schwingung gebracht wird und je nach Wetterlage mal mehr und mal weniger stark schwankt. Alternativ kann auch ein Schwungtuch oder Bettlaken über das Boot gelegt werden, sodass die Bootsfahrt auch bei Regen und Hagel fortgesetzt werden kann.

Flugzeug

BENÖTIGTE MATERIALIEN:

- 1 Schaukel
- Matten oder Decken

SO WIRD'S GEMACHT:

Ein Kind setzt sich auf die Schaukel und Sie fragen es, wo die Reise hingehen soll. Legen Sie zur Sicherheit

Schaukeln trainiert den Gleichgewichtssinn

PRAXISTIPP

Lied: Das ist gerade, das ist schief

Das folgende Lied greift bereits im Titel das Thema Gleichgewicht auf, regt aber auch alle weiteren Sinne an. Es kann zur Melodie von „Ringlein, Ringlein, du musst wandern“ gesungen werden.

Das ist gerade,
Arme zur Seite strecken und gerade stehen
das ist schief.
Schief stehen
Das ist hoch und
Arme hochstrecken
das ist tief.
Zum Boden bewegen
Das ist dunkel,
Hände vor die Augen halten
das ist hell.
Hände wegnehmen
Das ist langsam,
Langsame Laufbewegungen
das ist schnell.
Schnelle Laufbewegungen
Das ist groß und das ist klein.
Hochstrecken und kleinmachen
Das ist mein Arm und das mein Bein.
Arm strecken und Bein strecken

Das sind die Haare,
Haarsträhne hochziehen
das ist die Haut.
Wange streicheln
Das ist leise, das ist laut.
Flüsternd und sehr laut singen bzw. sprechen
Das ist traurig,
Trauriges Gesicht machen
das ist froh.
Frohes Gesicht machen
Das ist mein Bauch
Bauch herausstrecken
und das mein Po.
Po herausstrecken
Das ist nah
Hände vor die Brust
und das ist fern.
Arme weit wegstrecken
Dieses Lied, das hab ich gern.
Im Rhythmus klatschen

(überliefert)

ein paar Matten oder Decken unter die Schaukel – anschließend startet das Flugzeug: Sie bewegen die Schaukel sanft, während Sie die Rolle der Stewardess einnehmen: „Liebe Passagiere, seid ihr alle angeschnallt in unserem Flugzeug?" „Wer möchte denn während des Fluges etwas trinken?" „Oh, eine Unwetterwarnung erreicht uns gerade!" Nun können Sie die Schaukel ein wenig aus dem Rhythmus bringen. „Das scheint mir aber ein ganz heftiges Unwetter zu sein, da kommt ja ein richtiger Sturm auf!" Drehen Sie nach dieser „Durchsage" die Schaukel und rütteln Sie leicht daran. „Oh, schaut einmal aus dem Fenster, die Häuser sind schon ganz klein unter uns!" Die Geschichte kann in diesem Sinne weitererzählt werden, bis das Flugzeug landet.

PRAXISTIPP

Materialien zur Förderung verschiedener Gleichgewichtsformen

Wahrnehmungsförderung erfolgt in erster Line durch das handelnde Kleinkind selbst bzw. durch anregende Materialimpulse, die das Gleichgewichtssystem der Jüngsten anregen und fördern. Für die Jüngsten ist es eine schwierige Aufgabe, sich zunächst krabbelnd und anschließend auf zwei Beinen fortzubewegen. Wenn diese Fortbewegungsarten einigermaßen leicht von der Hand bzw. vom Fuß gehen, können Sie verschiedene Utensilien einführen, um die Unterstützungsfläche des Bodens zeitweise zu minimieren und so das dynamische Gleichgewicht zu fördern: Gibt der Boden nach oder ist er plötzlich schräg oder wackelig, muss der Körper mit Anpassungsreaktionen reagieren, um wieder ins Gleichgewicht zu kommen.

Schräge Materialimpulse
- Bänke, Rutschen oder Hühnerleiter, eingehängt in eine Sprossenwand
- Spielplatzrutschen, die von beiden Seiten erobert werden können

Wacklige Materialimpulse
- Minitrampolin, Balancekissen, Seile, Holzlatten
- Rollbretter, Pedalos, Laufräder

Schaukelnde Materialimpulse
- Hängematten, Bettlaken, Schwungtücher
- Regentonne, Varussell/Kreisel, Wackelbrett
- Pezzibälle

Wackelbrücke

BENÖTIGTE MATERIALIEN:
- kleine Bälle
- 1 Weichbodenmatte

SO WIRD'S GEMACHT:
Legen Sie einige kleine Bälle unter eine Weichbodenmatte. Die Kinder versuchen, krabbelnd oder laufend über die Wackelbrücke zu gelangen. Das wackelige Gefühl beim Überqueren der „Brücke" macht den Kindern i. d. R. so viel Freude, dass die Brücke eher zu einer „Insel" wird, die sie gern für längere Zeit besuchen.

Urwaldlandschaft

BENÖTIGTE MATERIALIEN:
- Schaumstoffteile
- Seile
- Tennisbälle
- Kissen
- Matten
- Igelbälle u. Ä.

SO WIRD'S GEMACHT:
Verteilen Sie kleine Gegenstände auf dem Boden und bedecken Sie diese mit einem großen Schwungtuch oder Laken. Über diese unebene Urwaldlandschaft versuchen die Kinder zu gehen oder zu krabbeln und dabei das Gleichgewicht zu halten (Zimmer 2014).

Blubberblasen-Bett

BENÖTIGTE MATERIALIEN:
- Luftballons, Styropor u. Ä.
- Kissen- bzw. Bettbezug

SO WIRD'S GEMACHT:
Blasen Sie einige Luftballons (nicht zu voll) auf und geben Sie diese in einen Bettbezug. Die Kinder können nun krabbelnd, liegend und sich drehend das ungewöhnlich wackelige Bett erforschen. Für den Anfang ist ein kleines Bett, also ein gefülltes Kopfkissen, geeignet. Alternativ können Sie auch andere Materialien in das Kissen- bzw. in den Bettbezug füllen – das erfordert neue Gleichgewichtsreaktionen.

Literatur

Pikler, E. & Tardos, A.: Lass mir Zeit. Die selbständige Bewegungsentwicklung des Kindes bis zum freien Gehen. München: Pflaum 2018.

Zimmer, R.: Krippenkinder – Bewegungslandschaften. 32 Ideenkarten fürs Kinderturnen. Freiburg: Herder 2014

Zimmer, R.: Wilde Spiele zum Austoben. Durch Bewegung zur Ruhe kommen. Freiburg: Herder 2018

Zimmer, R.: Handbuch Sinneswahrnehmung. Freiburg: Herder 2019a

Mareike Sandhaus

Fotos: Nadine Vieker

V. DIE AUDITIVE WAHRNEHMUNG

Lauschen, hören, horchen

Ob Rassel, Spieluhr oder die eigene Stimme: Wer Dinge zum Klingen bringt und selbst Töne produziert, erlebt sich als selbstwirksam! Nutzen Sie den Spaß der Kinder an Geräuschen für die auditive Wahrnehmungsförderung.

Ein gut ausgebildeter Hörsinn ist die Basis sprachlicher Kommunikation

1. Die Bedeutung der auditiven Wahrnehmung

Unser auditives System hat eine grundlegende Funktion für die zwischenmenschliche Kommunikation: Es ist die Voraussetzung für die Entdeckung der Sprache (Zimmer 2019b) und die Erweiterung unseres Wortschatzes. Sprachlich begleitet von seinen Bezugspersonen nimmt das Kleinkind einen neuen Begriff zunächst in seinen passiven Wortschatz auf, d. h. es versteht das Wort. Der Weg zum aktiven Wortschatz ist vor allem im dritten Lebensjahr ein sehr kurzer (*Fast-Mapping*): Das Kind ist in diesem Alter in der Lage, sich ein neues Wort nach nur einmaligem Hören zu erschließen und direkt vom passiven in den aktiven Wortschatz zu übertragen, also auch selbst zu verwenden. Ohne die direkte Verknüpfung des Hörens mit dem „Abspeichern" der Lautgestalt eines Wortes zusammen mit seiner Bedeutung wäre dieser Prozess nicht möglich. Eine verzögerte Sprachentwicklung kann demnach mit einer eingeschränkten auditiven Wahrnehmungsfähigkeit in Verbindung stehen.

2. Entwicklung des Hörsinns

Bereits in der dritten Schwangerschaftswoche beginnt die Entwicklung des Hörorgans (Wendlandt 2015), der Fötus kann also bereits im Mutterleib Geräusche wahrnehmen. Ab dem fünften Schwangerschaftsmonat (das Hörorgan ist jetzt fertig ausgebildet) nimmt der Fötus die mütterliche Stimme, ihren Herzschlag und andere Umgebungsgeräusche wahr. Ab der Geburt strömen dann sämtliche Geräusche ungefiltert auf das Kind ein. Von Anfang an scheinen Neugebo-

Fotos: Nadine Vieker; st-fotograf – Fotolia

rene fasziniert davon zu sein, mittels Lauten und Geräuschen mit ihrer Umwelt zu kommunizieren: Vom ersten Schrei sowie Gurren und Jauchzen bis hin zu den darauffolgenden Lallmonologen beschäftigt sich das Kind nicht nur mit der direkten Erzeugung dieser Laute, sondern auch mit deren Wirkung: Fasziniert beobachtet es, welche Reaktion die Lautproduktion in seinem Umfeld hervorruft. Bereits als Säugling erkundet es zudem seinen Körper als Klang- und Lautwerkstatt.

Die Sprachmelodie lauschend verinnerlichen

Säuglinge nehmen von Beginn an die Melodie der Sprache wahr, die sog. *prosodischen Merkmale* (Akzent, Silbenbetonung, Satzmelodie etc.), die ihnen z.B. die Stimme der Mutter vermittelt. Eingebettet ist diese auditive Wahrnehmung in taktiles und emotionales Erleben (Berührungen, gewiegt werden u.Ä.), begleitet von visuellen Wahrnehmungen (z.B. Gestik und Mimik der Bezugspersonen). Im sechsten Lebensmonat ist das Kind in der Lage, unterschiedliche Stimmungen seines Gegenübers wahrzunehmen – es hat gelernt, die *prosodischen Merkmale* und den Tonfall seiner Bezugspersonen im Zusammenspiel mit dessen Mimik zu unterscheiden und bestimmten Stimmungen zuzuordnen. Es nimmt wahr, wenn die Mutter fröhlich oder ärgerlich wirkt, ohne den Wortlaut in seiner genauen Bedeutung zu verstehen. Ein strahlendes Lächeln und eine hohe Stimmlage reichen aus, um die Situation richtig zu deuten. In den nächsten Monaten „erlauscht" das Kind bereits komplexere Prozesse. Unbewusst nimmt es hörend die Struktur der Lautsprache auf. Es lernt zwischen verschiedenen Lauten zu unterscheiden (bei Minimalpaaren wie z.B.: Sonne – Tonne), die sog. phonologische Bewusstheit entwickelt sich. Diese für den späteren Schriftspracherwerb unverzichtbare Fähigkeit ist für das Kind ein sehr wichtiger Schritt in seiner sprachlichen Entwicklung. Die auditive Differenzierung (Ähnlichkeiten und Unterschiede zwischen Lauten und Tönen erkennen können, z.B. zwischen laut und leise) vollzieht das Kind nicht nur mit der eigenen Stimme, sondern zugleich auch in Handlungen, die es in Bewegungen vollzieht (patschen, klatschen, stampfen).

Auch Kinder mit einer Hörbeeinträchtigung bzw. gehörlose Kinder beginnen mit der ersten Lallphase, die i.d.R. ab dem zweiten Lebensmonat einsetzt. In dieser Zeit steht nicht das Hören im Vordergrund, sondern das Ausprobieren und Spielen mit den Muskelbewegungen im Mundraum. Im Alter von ungefähr sechs Monaten beginnt eine zweite Lallphase.

U3-Glossar

Auf unserer Website finden Sie ein U3-Glossar, das wir kontinuierlich mit Fachbegriffen füllen.
www.herder.de/kk/u3-glossar/

Schon Säuglinge haben ein offenes Ohr für Melodie und Sprachstruktur

INFO

Das Ohr: ein komplexes Organ

Im Gegensatz zu unseren Augen können wir unsere Ohren nicht einfach vor akustischen Reizen schützen: Die Schallwellen treffen bei uns immer auf „offene Ohren" (Zimmer 2019a). Unsere Ohren ermöglichen uns aber nicht nur akustische Reize wahrzunehmen; sie sind auch für unseren Gleichgewichtssinn von großer Bedeutung (s. Kapitel IV). Ohren gehören zu den kompliziertesten Organen des menschlichen Körpers. Begeben wir uns auf eine Entdeckungsreise in ihr Innerstes, begegnet uns Kurioses: eine Muschel, elegante Bogengänge, eine Schnecke, eine Trompete, das Trommelfell und die eher unbekannte (Kiefergelenk-) Pfanne. Und dann gibt es noch die Paukenhöhlen, die sich bei Kleinkindern vor allem in der Erkältungszeit bemerkbar machen.

INFO

Aufmerksam auf das Hören des Kindes achten

Spracherwerb und auditive Wahrnehmung sind untrennbar miteinander verbunden. Um festzustellen, ob diese beiden Partner auch gut miteinander auskommen, müssen Eltern und pädagogische Fachkräfte aufmerksam auf das Hören der Kinder achten. Dies geschieht nicht nur bei den audiometrischen Untersuchungen beim Kinderarzt, sondern kann auch durch einfache Beobachtungen im pädagogischen Alltag erfolgen:

- Kann das Kind die Quelle eines Geräusches identifizieren?
- Kann das Kind die Geräusche seiner Umwelt lokalisieren (Richtungshören)?
- Kann es zwischen unterschiedlichen Geräuschen unterscheiden?
- Reagiert es auf unterschiedliche Lautstärken?
- Kann es Stille aushalten?
- Reagiert es überempfindlich?
- Hält es sich die Ohren zu?
- Reagiert es auf verbale Äußerungen seiner Umwelt, z. B. auf seinen Namen oder Aufforderungen?
- Nimmt es verbale Anweisungen auf und kann es diese umsetzen (Wortverständnis), z. B.: „Gibst du mir bitte das Glas?“
- Kann es Zielwörter aus komplexen Sätzen erkennen oder muss der Satz jeweils vereinfacht werden, z. B.: „Kannst du mir bitte das Glas geben, das auf dem Tisch steht?“

Mitmachlieder als festes Ritual im Kita-Alltag

Nun verengt sich das Lautinventar der Kinder (das vorher Laute aller Sprachen umfasste) auf die Laute in ihrer Umgebung. Innerhalb dieser zweiten Lallphase sind sie darauf angewiesen, sich selbst zu hören wie auch auf weitere auditive Einflüsse aus der Umwelt, die sie als Anregungen für die weitere Entdeckung der Sprache benötigen. Kinder mit einer Hörbeeinträchtigung verstummen jetzt (Wendlandt 2015).

3. Auditive Wahrnehmung im Alltag fördern

Im Vordergrund der pädagogischen Arbeit sollten die Freude und Lust am Experimentieren mit Lauten, Geräuschen und der eigenen Stimme stehen. Der produktive Umgang mit Geräuschquellen (Wasserhahn, Rascheln mit Alltagsmaterialien usw.) und Instrumenten gehört im Kita-Alltag als fester Bestandteil unbedingt dazu. Ebenso wie geräuschvolle Anregungen der auditiven Wahrnehmung dürfen aber auch die stillen Momente im Kita-Alltag nicht fehlen.

Phonologische Bewusstheit dank akustischer Rituale

Bereits in den ersten Lebenstagen suchen Kinder nach auditivem Erleben, nach akustischen Reizen. Sie mögen Gegenstände und Spielzeuge, die Geräusche erzeugen bzw. in irgendeiner Art klingen. Die ersten Spielzeuge (Rasseln, Spieluhren u. Ä.) bieten somit von Beginn an eine optimale Anregung für das auditive System. Bei Kleinkindern können diese Prozesse z. B. mit Singspielen im Morgenkreis angeregt werden. Ist das Singen, sind Finger- und Bewegungslieder erst einmal im Krippenalltag eingeführt, fordern bereits die Jüngsten diese beliebten Rituale ein. Die Wiederholung des Bekannten und das Hören vertrauter Klänge helfen ihnen dabei, die akustischen Signale zu verarbeiten und fördern gleichzeitig deren Differenzierung (z. B. die Wahrnehmung von Gegensätzen wie schnell – langsam). Die immer wiederkehrenden Rhythmen und Textsilben erweitern nicht nur das auditive Repertoire der Kinder, sondern bilden zugleich die Grundlage für deren phonologische Bewusstheit.

Hörbare Signale im pädagogischen Alltag

Akustische Signale, wie etwa ein Triangelklang, eignen sich optimal, um z. B. den Beginn des Morgenkreises einzuläuten oder ein Bewegungsangebot abzuschließen. Solche Klangrituale fördern die sog. *auditive Diskriminierung* (Ähnlichkeiten

Mit dem Triangelschlag beginnt der Morgenkreis

und Unterschiede zwischen Lauten und Tönen erkennen können) und *Lokalisation* (räumliches Einordnen eines Geräuschs) sowie die *Figur-Grund-Wahrnehmung* (das bewusste Erkennen eines bestimmten Geräusches aus einer Fülle von akustischen Reizen): Das Klanggeräusch, das im Raum zu hören ist, signalisiert etwas, z.B. den Beginn des Morgenkreises. Das Gehörte, etwa der Klang einer Triangel, wird somit direkt inhaltlich eingeordnet: Alle finden sich nun auf der großen Matte zusammen und es beginnt etwas Neues. Die Kinder sollten aber auch selbst aktiv werden können: Nachdem sich die Gruppe zusammengefunden hat, darf jeder selbst einmal ausprobieren, die Triangel zum Klingen zu bringen. Das fördert neben der allgemeinen auditiven Aufmerksamkeit sowohl eine differenzierte Hörwahrnehmung (bspw. von Gegensätzen wie laut – leise) als auch die Auge-Hand-Koordination. Die Erkenntnis, dass die Triangel nur dann erklingt, wenn ich sie am Faden festhalte und mit dem Stab das Dreieck anschlage, setzt eine Verknüpfung dieser Handlungsschritte voraus.

Töne mit Alltagsmaterialien erzeugen

Selbst die Quelle für Geräusche zu sein, ist für Kinder eine tolle Erfahrung. Entdecken zu können, dass nicht nur die eigene Stimme, sondern auch das eigene Handeln Ursache für Klänge, Krach und Töne sein kann, ist ein elementarer Entwicklungsschritt. Neben Instrumenten wie Klanghölzern, Trommeln und Triangeln lassen sich auch Alltagsmaterialien als Klangwerkzeuge verwenden: Zeitungen verursachen tolle Knistergewitter oder sie fallen als – zerknüllte – Regentropfen auf den Boden, mal langsam und leise, dann schnell und fest. Und wenn sich das Gewitter verzogen hat und die ersten warmen Sonnenstrahlen auf den Körper scheinen (Hände aneinanderreiben und sich gegenseitig auflegen), sind auch wieder Vogelstimmen zu hören. Wie die wohl klingen?

Geräusche durch Bewegung begleiten

Spannend ist auch, in die Rolle von Lebewesen zu schlüpfen, die ganz andere Laute von sich geben als der Mensch. Welche Geräusche machen die Tiere auf dem Bauernhof oder im Zoo? Neben den Tierstimmen können die Kinder auch die unterschiedlichen Fortbewegungsarten der Tiere nachahmen. In Bewegung erfahren die Mädchen und Jungen hierbei die Unterscheidung verschiedener Laute. Spiele dieser Art unterstützen die Kinder zum einen darin, ihr eigenes lautliches Handeln wahrzunehmen. Zugleich üben sie, genau auf ihre akustische Umgebung zu achten und unterschiedliche akustische Qualitäten zu differenzieren: Welcher Elefant hat lauter gestampft – Mehmet oder Paula?

Zuhören und Sprechen – spielerische Kommunikation

Im zweiten Lebensjahr finden Guck-Guck- und Fangspiele, die einen Partner erfordern, großen Anklang bei Kindern unter drei Jahren. Ebenso erproben sie sich in Kommunikation, noch bevor sie sprechen lernen, indem sie mit ihren Bezugspersonen das Prinzip vom Reden und Zuhören nachahmen. In der Kita kann die pädagogische Fachkraft diesen Wechsel von Zuhören und Sprechen spielerisch mit den Mädchen und Jungen üben, z.B. indem sie ihnen Heulrohre zur Verfügung stellt. Schon in ihrer eigentlichen Funktion bieten jaulenden Töne tolle Hörerlebnisse – bei diesem Spiel nutzen die Kinder die Rohre, um miteinander in Kommunikation zu treten, denn selbige werden zum Telefon. Still zu sein, während der Interaktionspartner spricht – das ist gar nicht so einfach! Die Kinder erfahren, dass sie mal der Zuhörer sind und mal der Sprecher. Dieser stetige Wechsel steht zu Beginn des Spiels im Mittelpunkt – der eine spricht, der andere hört zu. Dabei ist weniger von Bedeutung, was gesagt wird, viel wichtiger ist diese wechselseitige, bedeutungsvolle Handlung. Das Heulrohr zu greifen und an das eigene Ohr zu halten wird dem Kind als sinnvolles Tun vermittelt, indem sich die pädagogische Fachkraft ebenfalls an dem Spiel beteiligt. Der Handlung des Kindes eine Bedeutung zu geben, bildet die Basis der (vor-)sprachlichen Kommunikation (Zollinger 2004).

4. Praxisimpulse

Viele Spielideen sind im normalen Krippenalltag oft schon vertreten, nur wird ihr auditives Potenzial nicht immer erkannt. Im Folgenden ein paar Beispiele.

Tick, Tack – wo kommt das her?

BENÖTIGTES MATERIAL:

- 1 laut tickender Wecker

SO WIRD'S GEMACHT:

Vermutlich kennen Sie dieses Spiel bereits – doch weil es nicht nur die *auditive Aufmerksamkeit*, sondern vor allem auch die *auditive Lokalisation* (Richtungshören) fördert, darf es hier nicht fehlen! Die Kinder inspizieren zunächst den Wecker und lauschen aufmerksam seinem Ticken. Dann verstecken Sie den Wecker im Raum (in der Puppenecke, unter dem Sofa ...) und animieren die Mädchen und Jungen, die Uhr aufzuspüren, indem sie dem tickenden Geräusch folgen. Hierfür müssen alle ganz still sein.

Variante: Eine Eieruhr wird auf eine bestimmte Minutenzahl eingestellt. Haben die Kinder die Uhr vor Ablauf dieser Zeit gefunden, haben sie gewonnen. Klingelt die Uhr, bevor sie gefunden wurde, hat die Uhr gewonnen (Zimmer 2009).

Wir gehen auf Geräuschefang

BENÖTIGTE MATERIALIEN:

- Küchenpapier- oder Toilettenpapierrollen

SO WIRD'S GEMACHT:

Die Kita ist ein Ort voller Klänge und Geräusche – verschiedene Stimmen, Schritte und z.B. das Klappern von Geschirr bilden ihr Toninventar. Die Fähigkeit, bestimmte akustische Reize aus einem vielfältigen Klangteppich herauszulösen und zu identifizieren, erfordert eine gute auditive *Figur-Grund-Wahrnehmung* (s. S. 31). Diese können Kinder üben, indem sie mit einer Papprolle auf „Geräuschefang" gehen. Wenn sie das eine Ende der Rolle an eine Geräuschquelle ansetzen und das andere Ende an ihr Ohr halten, können sie das Geräusch viel deutlicher hören. Richten sie z.B. das Hörrohr auf den Fußboden, hören sie, wie unterschiedlich Schritte verschiedener Menschen klingen. Die Kinder können gegenseitig ihrem Herzschlag, dem Brummen des Kühlschranks oder ganz leiser Musik aus dem Radio lauschen (Zimmer 2019a).

PRAXISTIPP

Dornröschenschlaf

Es ist Märchenzeit: Die Zauberlandbewohner (die Kinder) werden mit einem Zauberstab in einen tiefen Schlaf versetzt. Wenn alle Bewohner eingeschlafen sind, erklingt aus der Ferne leise Musik und eine Fee (pädagogische Fachkraft) ruft kaum hörbar die Zauberlandbewohner bei ihren Namen. Jedes Kind, das seinen Namen hört, darf leise aufstehen, dem Feenruf folgen und zur pädagogischen Fachkraft laufen – natürlich mit geöffneten Augen. Die Musikuntermalung erschwert die *auditive Differenzierung* – die Kinder müssen sich sehr konzentrieren, um den eigenen Namen herauszuhören. Das Richtungshören der Kinder wird geübt, indem sie dem Ruf der Fee folgen.

Auf Geräuschesuche in der Kita

Ganz schön laut, so ein Reifengewitter

Vielstimmiges Flaschenkonzert

BENÖTIGTE MATERIALIEN:

- unterschiedliche Flaschen
- Stöcke, Löffel o. Ä.

SO WIRD'S GEMACHT:

Ob im Badezimmer oder draußen in der Matschecke: Bei diesem Konzert erleben die Kinder mit Wasser gefüllte Flaschen als faszinierende Klangkörper. Füllen Sie gemeinsam einige Flaschen mit Wasser, die Pegel sollten dabei unterschiedlich hoch sein. Werden die Flaschen nun mit einem Stock oder etwas Ähnlichem angeschlagen, erklingen Töne in unterschiedlichen Tonhöhen. Ältere Kleinkinder können die Flaschen evtl. schon nach Tonhöhen ordnen – die Reihe beginnt mit den tiefen Tönen und setzt sich mit immer höher klingenden Flaschen fort. Die Mädchen und Jungen können mittels ihrer Schlagwerkzeuge auch mit unterschiedlichen Lautstärken experimentieren (Zimmer 2019a). Erweitern Sie das Orchester durch andere Klangkörper: Mit glatten Kieselsteinchen gefüllte Luftballons rascheln z. B. geheimnisvoll, wenn sie bewegt werden.

Reifengewitter

BENÖTIGTES MATERIAL:

- 1 Turnreifen

SO WIRD'S GEMACHT:

Auch im Bewegungsraum finden sich Klanginstrumente! „Wenn wir ganz genau horchen, mit einem Ohr auf dem Hallenboden – dann können wir ein Gewitter hören!" Drehen Sie oder ein älteres Kind hierfür einen Reifen, der sich in immer schneller werdendem Tempo lautstark im Kreis auspendelt, bevor er irgendwann mit lautem Knall auf den Fußboden fällt.

Literatur

Wendlandt, W.: Sprachstörungen im Kindesalter: Materialien zur Früherkennung und Beratung. Stuttgart: Thieme 2015

Zimmer, R.; Kinder unter drei – von Anfang an selbstbewusst und kompetent. Freiburg: Herder 2009

Zimmer, R.: Handbuch Sinneswahrnehmung. Freiburg: Herder 2019a

Zimmer, R.: Handbuch Sprache und Bewegung. Freiburg: Herder 2019b

Zollinger, B.: Kindersprachen. Kinderspiele. Bern: Haupt 2004

Nadine Madeira Firmino

Fotos: Harald Neumann; Nadine Vieker

VI. DIE VISUELLE WAHRNEHMUNG

Die Welt in den Blick nehmen

Wenn Kinder das Licht der Welt erblicken, nehmen sie zunächst nur Kontraste wahr. Schnell wird ihr Sehen schärfer, dann aber sehen sie oft mehr als ihnen guttut. Visuelle Wahrnehmung zu fördern, heißt somit auch, optische Reize zu dosieren.

1. Die Bedeutung der visuellen Wahrnehmung

Visuelles System, Gesichtssinn oder Sehsinn – all diese Begriffe bezeichnen den elementaren menschlichen Sinn, mit dem wir die meisten Reize und Eindrücke aus der Umwelt aufnehmen: das Sehen, unser „Augenlicht", unsere visuelle Wahrnehmung. Die Augen sind von allen unseren Sinnesorganen am häufigsten im Einsatz, daher besteht auch die Gefahr, ausgerechnet diese empfindlichen Organe einer Reizüberflutung auszusetzen (Zimmer 2020). Fernsehen, Computerspiele, Internet – oft erleben schon Kleinkinder eine Fülle vielfältiger und schnell hintereinander auftretender optischer Reize, die die Augen überlasten. Deswegen ist es besonders wichtig, den Kindern im Alltag ausreichend Zeit zum gezielten und ausdauernden Schauen einzuräumen und ihnen zu ermöglichen, die optischen Reize in ihrem individuellen Zeitmaß zu verarbeiten.

Der Körper „sieht" auch mit

Visuelle Wahrnehmungsförderung kann nicht isoliert von anderen Entwicklungsbereichen stattfinden, denn die visuelle Wahrnehmung ist eng mit anderen Sinnes- und Entwicklungsbereichen verknüpft. So werden Objekte, die visuell erfasst werden, vor allem auch über den Körper, über das Greifen ganzheit-

Blau und rund: Die Kinder lernen, Gegenstände anhand ihrer Merkmale voneinander zu unterscheiden

Fotos: Nadine Vieker

lich erkundet und erfahren – bevor sie dann schließlich verbal in der Kommunikation benannt werden. Kinder unter drei Jahren können mit verschiedenen Materialien oder Spielideen in ihrer visuellen Wahrnehmungsfähigkeit gefördert werden. Bei Kleinkindern ist aber zu berücksichtigen, dass bei ihnen noch nicht alle visuellen Funktionen voll ausgebildet sind, sondern sich erst nach und nach entwickeln.

2. Entwicklung des Sehsinns

Bei Neugeborenen sind noch nicht alle Bereiche der visuellen Wahrnehmung voll funktionsfähig. Das Sehvermögen reicht zunächst nur für Gegenstände in ihrem Nahbereich aus, die Sehschärfe beträgt kurz nach der Geburt etwa 25 % der voll ausgebildeten Sehfähigkeit. Neugeborene bevorzugen in ihrer Wahrnehmung Gesichter und bewegte Objekte. Sie sind bereits dazu in der Lage, Farben wie Grün, Rot und Blau von der Farbe Weiß zu unterscheiden (H. Kasten 2017). Die Farbwahrnehmung und ebenso das Bewegungssehen (Verfolgen von Objekten mit dem Blick) entwickeln sich schnell weiter.

Formwahrnehmung

Das Blickfeld des Säuglings erweitert sich ständig, Bewegungen der eigenen Beine und Hände werden mit zunehmendem Interesse beobachtet. Bereits mit Abschluss des zweiten Lebensmonats können Säuglinge fast so gut wie Erwachsene Helligkeitsstufen unterscheiden – eine grundlegend wichtige Fähigkeit für das Wahrnehmen von Formen und Kontrasten. Ebenfalls in diesem Alter wird auch die Formwahrnehmung des Säuglings spezifischer: Immer häufiger werden die kennzeichnenden Elemente einer bestimmten Form betrachtet, etwa bei einem Kreis die Bögen oder die Ecken eines Vierecks. Mit etwa sechs Monaten kann das Kind dann erste Formen wiedererkennen (H. Kasten 2017).

Verschiedene Materialien helfen, die visuelle Wahrnehmung zu schulen

Dazu gehört auch die Entwicklung von Objektpermanenz: Der grüne Beutel ist da, auch wenn ich ihn nicht immer sehe

PRAXISTIPP

Raumgestaltung & visuelle Wahrnehmung

Nehmen Sie einmal ganz bewusst die Räume in Ihrer Einrichtung in den Blick: Wie sind sie gestaltet? Bunt gemustert, mit zahlreichen Bildern, Ausstellungsstücken und Bastelprodukten? Oder setzen bewusst eingesetzte Schmuckelemente optische Akzente? Im Rahmen der Wahrnehmungsförderung sollten Sie die Raumgestaltung Ihrer Kita daraufhin überprüfen, ob deren optischen Reize für die Kinder entwicklungsgemäß und gleichzeitig anregend sind, ohne sie einem Zuviel auszusetzen. Die Raumgestaltung ist wesentlicher Bestandteil einer ganzheitlich verstandenen visuellen Wahrnehmungsförderung. Hier gilt generell: Weniger ist mehr! Einzelne, gezielt eingesetzte optische Reize, z. B. ein besonderes Material, das man den Kindern zum Experimentieren zur Verfügung stellt, ist sinnvoller als ein Angebot vieler, die Verarbeitungskapazität der Kinder überfordernder Reize.

Tiefenwahrnehmung

Auch die Tiefenwahrnehmung scheint sehr früh entwickelt zu sein. Das bekannte Experiment mit der visuellen Klippe, das in den sechziger Jahren von zwei US-Psychologen erstmals durchgeführt wurde, bestätigt dies. Hier zeigte sich, dass fast keines der sechs Monate alten Babys über einen visuellen Abgrund (Glasplatte) auf die Mutter zu krabbelte. Die Tiefenwahrnehmung scheint in diesem Alter bereits vorhanden zu sein. Weiteren Untersuchungen zufolge ist dies allerdings bei Neugeborenen noch nicht der Fall. Die Tiefenwahrnehmung entwickelt sich erst im Zusammenhang mit der motorischen Entwicklung und wird mit zunehmenden Bewegungserfahrungen gelernt (Lohaus et al. 2019).

Ballons aus Müllbeuteln: Dinge, die sich langsam bewegen, lassen sich besonders gut beobachten

Objektpermanenz
Während der visuellen Auseinandersetzung mit der Umwelt entwickelt das Kind aufgrund von Erfahrungen bestimmte Konstanzvorstellungen von Farben, Formen, Größen oder Helligkeit. Gegenstände bleiben dieselben, auch wenn sie aus verschiedenen Perspektiven betrachtet werden oder nur einzelne Ausschnitte des Objekts sichtbar sind. Nach der Entwicklung dieser Wahrnehmungskonstanz erwirbt das Kleinkind mit etwa einem Jahr schließlich die Objektpermanenz. Das Kind weiß dann, dass ein Gegenstand nicht sofort komplett verschwunden ist, obwohl er als visueller Eindruck nicht mehr vorhanden ist, z.B. wenn ein Spielzeug unter einem Tuch versteckt wird (H. Kasten 2017). Spielerisch verarbeiten Kinder diese Entwicklung mit ihrer Vorliebe für „Guck-guck-da!"-Aktionen.

3. Materialien zur Förderung der visuellen Wahrnehmung

Wie können pädagogische Fachkräfte die visuelle Wahrnehmung der Kinder fördern? Gerade für die jüngsten Kleinkinder ist es spannend, verschiedene optische Reize zunächst einmal kennenzulernen, Neues zu entdecken und damit zu experimentieren. Daher sollten pädagogische Fachkräfte ihnen ermöglichen, viele verschiedene Materialien zu erkunden, welche die visuelle Wahrnehmung fördern. Das müssen keine teuren Neuanschaffungen sein – bei genauem Hinsehen finden sich in jeder Einrichtung eine Menge interessanter Utensilien, die sich hervorragend für das visuelle Erforschen eignen.

Toilettenpapier- & Haushaltsrollen
Aus Toilettenpapier- oder Haushaltsrollen lassen sich Fernrohre oder Ferngläser (zwei Rollen zusammenkleben) bauen. So können gezielt einzelne Gegenstände oder Personen in den Blick genommen werden, die Kinder können auf Spurensuche gehen (z.B. gemeinsam gestaltete bunte Fuß- oder Fingerabdrücke suchen) oder besondere Schätze entdecken, die vorher versteckt wurden. Die Papprollen können Sie auch zum Bau einer Murmelbahn nutzen: Dazu befestigen Sie mehrere Rollen hintereinander an der Wand, durch diese können die Kinder dann Tischtennisbälle oder Murmeln rollen lassen, wobei die Auge-Hand-Koordination angeregt wird.

Luftballons, Tücher & Co.
Materialien, die sich eher langsam bewegen, eignen sich besonders gut zum Beobachten, z.B. ein schwebender Luftballon. Knotet man ein Chiffontuch daran, bekommt der Luftballon einen Schweif, der wunderschön anzusehen ist, wenn sich der Ballon langsam durch den Raum bewegt (Zimmer 2015). Besonders langsam schwebende Luftballons können Sie aus Müllbeuteln herstellen, die mit buntem Kreppband zugebunden werden. Die Kinder können sie selbst in Bewegung setzen und mit ihren Blicken verfolgen. Mehrere dieser Schwebeballons können auch auf ein Schwungtuch gelegt und anschließend in die Luft gewirbelt werden, sodass ein bunter Ballonreigen

Fotos: Nadine Vieker; Harald Neumann

Das bin ich: Der Blick in den Spiegel fördert die Identitätsentwicklung

entsteht. Auch Seifenblasen lassen sich hervorragend beim Schweben beobachten. Das Beobachten und Fokussieren von fliegenden Dingen, die ins Blickfeld geraten, fördert die *Figur-Grund-Wahrnehmung*.
Auch Chiffontücher eignen sich gut, um neue Perspektiven kennenzulernen: Die Welt bekommt z.B. einen blauen Schleier, wenn man sich ein Chiffontuch vors Gesicht hält oder über den Kopf legt.

Rettungs- & Schutzdecken
Eine aufregende visuelle Erfahrung bieten auch Rettungs- und Schutzdecken, die eigentlich für den Einsatz als Erste-Hilfe-Material hergestellt werden. Silberfarben auf der einen, goldfarben auf der anderen Seite bieten sie den Kindern funkelnde Anblicke. Schon die Jüngsten können über die Decken krabbeln und dabei lauschen, wie laut die Decke knistert, wenn sie berührt wird. Hierbei sollten die Mädchen und Jungen besonders feinfühlig begleitet werden. Die Rettungs- und Schutzdecken bieten intensive Reize, die einige Kinder zunächst noch verunsichern oder erschrecken können, falls ihnen das glänzende und knisternde Material unbekannt ist.

Spiegel in allen Größen
Spiegel unterschiedlicher Formen und Größen eignen sich dazu, die Selbstwahrnehmung der Kinder und ihre Identitätsbildung zu unterstützen (Zimmer 2019a). Mit etwa zehn Monaten wenden sich Kleinkinder gezielt einem Spiegel zu und erkunden ihr Spiegelbild, indem sie den Spiegel betasten oder dem Spiegelbild etwa einen Kuss geben. Ab einem Alter von ungefähr eineinhalb Jahren erkennen sich die Kinder selbst im Spiegel. In der Kita können pädagogische Fachkräfte verschiedene Spiegel zu einer Spiegelstraße aufreihen. Spiegel unterschiedlicher Formen und Größen werden an der Wand befestigt. Matten oder kleine Teppiche markieren die Straße, die die Kinder entlangrobben, -krabbeln oder -gehen und sich dabei selbst beobachten. Kästen oder Stühle werden zwischendurch zu Hindernissen: Die Mädchen und Jungen können sich nur dann im Spiegel betrachten, wenn sie dazu z.B. den Hocker hinaufkrabbeln oder durch den „Stuhltunnel" auf ihr Spiegelbild zukriechen (Wilmes-Mielenhausen 2018).

Kartons & Formen
Aus Kartons (z.B. stabile Schuhkartons) können Sie für die Kinder unterschiedliche „Form-Boxen" herstellen. Schneiden Sie dazu verschiedene Formen in die Seiten der Kartons, z.B. Kreise, Quadrate oder Dreiecke. Nun können die Mädchen und Jungen entsprechende Materialien (Bauklötze, Tennisbälle,

ÜBERSICHT

Bereiche der visuellen Wahrnehmung

Das visuelle Wahrnehmungssystem lässt sich in verschiedene Bereiche unterteilen, die unterschiedliche Fähigkeiten beschreiben. Eine Kenntnis dieser Bereiche ist sinnvoll, um passende Spielideen zu entwickeln bzw. die Kinder in diesem Wahrnehmungsbereich zu beobachten und in ihrem Verhalten einschätzen zu können (Zimmer 2019a).

Figur-Grund-Wahrnehmung	Fähigkeit, aus vielfältigen optischen Reizen eine Figur herauszufiltern, andere Reize treten in den Hintergrund
Visumotorische Koordination	Fähigkeit, Bewegungen des eigenen Körpers auf visuelle Eindrücke abzustimmen (z. B. gezieltes Greifen)
Wahrnehmungskonstanz	Fähigkeit zu erkennen, dass ein Gegenstand derselbe bleibt, auch wenn er aus verschiedenen Perspektiven betrachtet wird
Raumlage & räumliche Beziehungen	Fähigkeit, räumliche Beziehungen zwischen Gegenständen und dem Betrachter wahrzunehmen und bzgl. ihrer Lage einzuschätzen
Form- & Farbwahrnehmung	Fähigkeit, geometrische Formen (z. B. Kreis, Dreieck, Rechteck) und Farben zu unterscheiden
Visuelles Gedächtnis	Fähigkeit, sich an Gesehenes zu erinnern

Tischtennisbälle etc.) in das jeweils passende Loch stecken. In einem weiteren Schritt können Sie Formen unterschiedlicher Größen ausschneiden. So sind die Kinder aufgefordert, verschiedene Formen zu erkennen, Größen abzuschätzen und nach dem „Schlüssel-Loch-Prinzip" zuzuordnen. Ältere Kinder können die Kartons auch sehr gut als Wurfziele benutzen, die sie z.B. mit Sandsäckchen oder Bällen zu treffen versuchen. Dadurch wird die Auge-Hand-Koordination angeregt.

Handschuhe

Das gezielte Greifen kann bei jüngeren Kindern auch sehr gut durch einen „Bänderhandschuh" unterstützt werden. An jeden Finger eines alten Wollhandschuhs werden verschiedenfarbige und unterschiedlich dicke Woll- oder Stofffäden genäht (mindestens einen an jeden Finger). Ziehen Sie nun den Handschuh an und bewegen Sie mit dieser bunten Zauberhand die Fäden über den Köpfen der Kinder. Die Kinder entdecken die herunterhängenden Wollfäden und greifen nach diesen (Wilmes-Mielenhausen 2018).

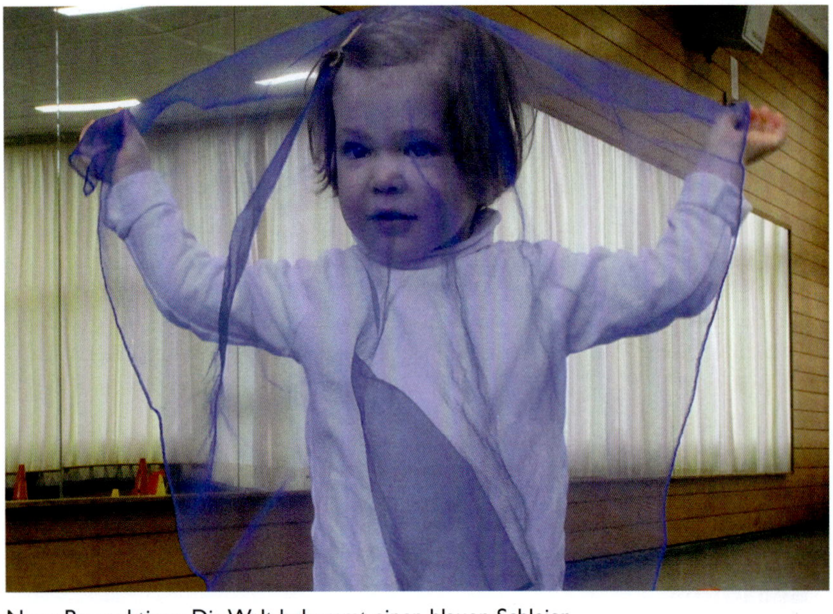

Neue Perspektiven: Die Welt bekommt einen blauen Schleier

4. Praxisimpulse

Ein Schnursalat

BENÖTIGTE MATERIALIEN:

- Seile oder Schnüre unterschiedlicher Beschaffenheit und in verschiedenen Farben, z. B. dünne Fäden, Schnürsenkel, Wolle

SO WIRD'S GEMACHT:

Legen Sie verschiedenfarbige Seile oder Schnüre durcheinander auf den Tisch oder auf den Boden, wobei immer zwei Schnüre die gleiche Farbe haben. Bereiten Sie zusammen mit den Kindern einen bunten „Schnursalat" zu. Wenn der Salat fertig angerichtet ist, darf „gegessen" werden: Dabei versuchen die Kinder, die beiden Schnüre mit der jeweils gleichen Farbe aus dem Salat herauszuziehen. Hierbei kann bei Anzahl und Beschaffenheit der Schnüre variiert werden. Spielen jüngere Kinder mit, verwenden Sie am besten dickere Seile. Der Schnursalat fördert die Wahrnehmung der Farben und ihrer Kontraste, unterstützt aber auch das Erkennen der unterschiedlichen Formen der Schnüre (Erkert 2009).

Am Himmelszelt

BENÖTIGTE MATERIALIEN:

- Taschenlampen

SO WIRD'S GEMACHT:

Projizieren Sie im verdunkelten Gruppenraum mit Taschenlampen verschiedene „Sterne" oder „Blitze" an die Zimmerdecke oder an die Wände. Die Kinder können beobachten, was Spannendes „am Himmel" passiert: Einige Sterne fliegen langsam übers Himmelszelt, andere bewegen sich schneller oder blitzen nur einmal kurz auf, um anschließend an anderer Stelle wieder aufzutauchen. Wo blinken die Sterne auf? Was wird von den Sternen oder Blitzen erhellt, wenn sie auftauchen? Wie sehen die nur kurz angeleuchteten Dinge aus? Kann man auch große und kleine Sterne unterscheiden (Taschenlampe entsprechend einstellen)? Die Kinder können auch versuchen, mit ihren eigenen Sternen andere Sterne zu verfolgen oder zu fangen (Zimmer 2009). Sie können das Spiel erweitern, indem Sie räumliche Beziehungen zur Sprache bringen: „Wo hat der Stern gerade geleuchtet? Neben dir, über dir oder vor dir?"

Das Verkehrschaos

BENÖTIGTE MATERIALIEN:

- Tücher in Grün, Gelb, Rot

SO WIRD'S GEMACHT:

Diese Praxisidee ist für die älteren Kinder ab etwa zwei bis zweieinhalb Jahren geeignet. Sie stellen unterschiedliche Straßenverkehrsteilnehmer dar, z.B. Auto- oder Motorradfahrer, und laufen durch den Raum. Dazu imitieren sie die jeweils passenden Motorengeräusche. Sie oder ein älteres Kind spielen den Verkehrspolizisten und sollten etwas erhöht, z.B. auf einem Kasten stehen. Der Polizist regelt den

Verkehr, indem er – ähnlich einer Ampel – verschiedenfarbige Tücher hochhält. Hält er ein grünes Tuch hoch, dürfen die Fahrzeuge in ihrem Tempo fahren, bei Gelb müssen sie langsam fahren und bei Rot sofort anhalten. Bei diesem Spiel wird neben motorischen Fähigkeiten besonders die Farbwahrnehmung gefördert. In entsprechend geeigneten Räumlichkeiten können auch Rollbretter als Fahrzeuge eingesetzt werden.

Mit Farben spielen: Alle Kinder mit gelben Tüchern treffen sich an der gelben Tür

Fischer, Fischer, welche Fahne weht heute?

BENÖTIGTE MATERIALIEN:

- Tücher in verschiedenen Farben

SO WIRD'S GEMACHT:

Dieses Spiel eignet sich für die älteren Kinder. Auf der einen Seite des Raumes steht der Fischer (sprich: Sie oder ein älteres Kind), auf der gegenüberliegenden Seite die anderen Kinder. Die Gruppe fragt gemeinsam: „Fischer, Fischer, welche Fahne weht heute?" Der Fischer antwortet z. B.: „Rot!" und zeigt diese Farbe mit einem passenden Tuch oder an seiner eigenen Kleidung. Jetzt laufen der Fischer und die Kinder aufeinander zu und der Fischer muss dabei versuchen, die Kinder zu fangen, die die genannte Farbe in ihrer Kleidung am Körper tragen. Alle Kinder, die nichts Rotes anhaben, dürfen in Ruhe auf die andere Seite „schwimmen". Wer gefangen wurde, wird auch zum Fischer und das Spiel wiederholt sich solange, bis nur noch ein Kind übrig ist, das dann wiederum der neue Fischer sein darf.

Der Detektiv

BENÖTIGTE MATERIALIEN:

- evtl. Verkleidungsutensilien

SO WIRD'S GEMACHT:

Bei diesem Spiel geht es darum, kleine Veränderungen an anderen Personen im Sitzkreis zu bemerken. Ein Kind schließt die Augen oder schaut in eine andere Richtung. Sie verändern eine Sache an sich, z. B. setzen sich einen Hut auf, ziehen einen Schuh aus oder die Jacke verkehrt herum an. Das Kind soll dann wie ein Detektiv herausfinden, was verändert wurde. Hierbei sollte der Schwierigkeitsgrad auf die Fähigkeiten des Kindes abgestimmt werden. Für ältere Kindern können z. B. mehrere Veränderungen vorgenommen werden oder aber mehrere Personen verändern etwas an sich. (Zimmer 2019 b).

Das Farbendurcheinander

BENÖTIGTE MATERIALIEN:

- Tücher in verschiedenen Farben
- Gegenstände in verschiedenen Farben (z. B. Reifen, Matten, Teppichfliesen)

SO WIRD'S GEMACHT:

Jedes Kind bekommt ein farbiges Tuch (z. B. Chiffontuch), mit dem es zunächst experimentieren kann. Kommen Sie mit den Kindern darüber ins Gespräch, welche Farben die Tücher haben und was sich alles mit ihnen machen lässt. Schließlich kann ein Spiel daraus entstehen: Die Kinder laufen durch den Raum, bis Sie eine bestimmte Farbe ausrufen. Alle mit einem blauen Tuch treffen sich an der blauen Matte, Mädchen und Jungen mit einem gelben Tuch laufen zu der gelben Tür usw. Als einfachere Variation können Sie auch vorher gemeinsam Orte oder Gegenstände (bunte Reifen, Türen, Matten, Teppichfliesen in einer bestimmten Farbe) als Treffpunkte bestimmen, an denen sich die Kinder bei Zuruf sammeln. Eine andere Spielvariante ist, dass sich immer all jene zusammentun, die ein Chiffontuch in der gleichen Farbe haben. Achten Sie darauf, den Schwierigkeitsgrad an die Fähigkeiten der Kinder, Farben zu unterscheiden und zu benennen, anzupassen.

Was ist klein und was ist groß?

BENÖTIGTE MATERIALIEN:

- verschiedene Gegenstände, je in einer großen und in einer kleineren Ausführung (z. B. Spielzeugauto,s Besteck, Bälle)

SO WIRD'S GEMACHT:

Legen Sie von einem Gegenstand jeweils ein großes und ein kleines Exemplar in die Mitte des Raumes.

Foto: Harald Neumann

PRAXISTIPP

Formen & Farben sammeln

Gehen Sie gemeinsam mit den Kindern auf Formen- oder Farbensuche. „Welche Gegenstände finden wir im Gruppenraum, die die gleiche Form oder die gleiche Farbe haben?" Hier können alle möglichen Utensilien einbezogen werden. Hat ein Kind z. B. ein rotes Feuerwehrauto gefunden, können Sie kleine Aufgaben stellen. „Wer findet noch ein Spielzeug, das rot ist?" „Wie viele rote Dinge finden wir insgesamt?"
Zur Förderung der Formwahrnehmung können Sie auch mehrere Gegenstände gleicher Form zusammenlegen, wobei ein einziges Teil eine andere Form hat. Die Kinder sollen nun herausfinden, welches dies ist. Diese einfachen Ideen können zu immer komplexeren Spielen ausgebaut werden, z. B. wenn für ältere Kleinkinder Formen und Farben in Bezug zueinandergesetzt werden. „Wer findet etwas im Gruppenraum, das grün und rund ist?" So lernen die Kinder, die verschiedenen Merkmale der Gegenstände voneinander zu unterscheiden.

Das können z.B. ein großes und ein kleines Stofftier sein, ein Löffel in kleiner und in großer Ausführung oder ein großes und ein kleines Bild. Gemeinsam mit den Kindern können Sie die kleinen Dinge benennen und überlegen, welche der größeren Gegenstände jeweils dazu passen. Die Spielidee kann auch in Bezug auf unterschiedliche Formen erweitert werden: „Wer sieht den runden Ball?" „Wer findet den eckigen Karton?" Das Spiel ist für Kinder ab etwa zweieinhalb Jahren geeignet (Wilmes-Mielenhausen 2018).

Wer trifft?

BENÖTIGTE MATERIALIEN:

- Sandsäckchen
- Zeitungen
- Wäscheleine

SO WIRD'S GEMACHT:

Spielen Sie mit den Kindern dieses Spiel zur Förderung der Auge-Hand-Koordination als eine Art Zielwerfen. Im Gruppenraum oder im Außengelände markieren Sie Ziele, die die Kinder mit Gegenständen treffen sollen, bspw. können Zeitungen, die an einer Wäscheleine hängen, mit einem Sandsäckchen oder kleinen Kissen abgeworfen werden. Hierbei können wiederum räumliche Beziehungen einbezogen werden: „Wo ist das Sandsäckchen liegengeblieben?" „Hast du vor, hinter oder neben den Reifen getroffen?"

Literatur

Erkert, A.: Die 50 besten Wahrnehmungsspiele. München: Don Bosco 2007

Kasten, H.: Entwicklungspsychologische Grundlagen. Berlin: Cornelsen 2017

Lohaus, A., Vierhaus, M. & Maass, A.: Entwicklungspsychologie des Kindes- und Jugendalters für Bachelor. Berlin, Heidelberg: Springer 2019

Wilmes-Mielenhausen, B.: Spiele zur Wahrnehmungsförderung. Für Kinder ab 3 Jahren. Freiburg: Herder 2018

Zimmer, R.: Kinder unter 3 – von Anfang an selbstbewusst und kompetent. Ein Leitfaden für Eltern mit vielen Bewegungsspielen. Freiburg: Herder 2009

Zimmer, R.: Handbuch Sinneswahrnehmung. Grundlagen einer ganzheitlichen Bildung und Erziehung. Freiburg: Herder 2019

Ricarda Menke

Projektideen für Krippenkinder

Silke Hubrig

Projekte für Krippenkinder

erleben, entdecken, ausprobieren

80 Seiten | Kartoniert

€ 15,00 / € 15,50 (A) / SFr 21.90

Best.-Nr.: P38 6409

Wasser und Farben entdecken, matschen und kneten: Hier stecken kreative Projektideen und Impulse zu den Themen „Wasser", „Kneten und Matschen" und „Farben" für Kinder bis drei Jahre drin.

Das Buch bietet vielfältige Aktivitäten, Lieder, (Finger-)spiele und Gestaltungsideen für die pädagogische Arbeit mit Krippenkindern. Dabei stehen immer die Selbsttätigkeit und Aktivität der Kinder im Mittelpunkt.

Blick ins Buch:

HERDER

www.herder.de

VII. WAHRNEHMUNGSFÖRDERUNG IM FREIEN

Natur: Spielplatz für die Sinne

Der ideale Spielort für Kinder ist die ungestaltete Natur: Hier werden sie in ihren körperlichen Kräften und in all ihren Sinnen gefordert.

1. Die Bedeutung eines ganzheitlichen Naturerlebens

Draußen spielen – das ist der Inbegriff von Freiheit, von sinnenreichem und sinnvollem Spiel. Draußen dürfen Kinder laut sein, sich schmutzig machen, in der Erde wühlen, dürfen rennen, toben, bauen, klettern, matschen. Hier können sie Gräben überspringen, versuchen, einen Bach mit Ästen und Brettern zu überbrücken, Hügel und Bäume erklettern, Steine sammeln und mit ihnen Mauern bauen, hinter Pflanzen und Bäumen Verstecken spielen. Sich bei all dem mit den Gesetzmäßigkeiten der Natur auseinandersetzen, sich anpassen, sich anstrengen und sich verausgaben – dafür sind Wald, Wiesen oder brachliegende Flächen mit Hügeln, Bäumen, Steinen, Gräben und Pflanzen ideale Spielplätze. Die Begegnung mit Pflanzen und Bäumen und der Umgang mit Wasser, Lehm, Sand und Erde ermöglichen intensive sinnliche Erfahrungen.

Buddeln in der Erde – ein Abenteuer für die Sinne

2. Ganzheitliches Naturerleben im Alltag fördern

Aber wo sind solche Sinnesabenteuer möglich? Auch in der Kita ist es nicht mehr selbstverständlich, dass Kinder jeden Tag nach draußen gehen; oft äußern Eltern sogar den Wunsch, ihr Kind solle heute lieber drinnen bleiben – des schlechten Wetters wegen. Dabei gibt es für Kleinkinder kein schlechtes Wetter. Für sie ist jedes Wetter ein sinnliches Vergnügen, vorausgesetzt, sie haben die richtige Kleidung an und können gemeinsam mit anderen Mädchen und Jungen aktiv werden.

Regen fühlen, riechen, hören

So ist ein Spaziergang im Regen für Kinder ein sinnenreiches Erlebnis und für Sie als pädagogische Fachkräfte ebenso, wenn Sie sich von der Vorstellung befreien, dass Regen schlechtes Wetter bedeutet und Sie und die Kinder am Draußensein hindert. Regen verändert die Umwelt und zaubert Pfützen – diese kann man mit dem Rutschauto umfahren oder sogar durch sie hindurchfahren. Wenn man in ihnen steht, erkennt man an den Stiefeln, wie tief die Pfütze ist, in ihr kann man sein eigenes Spiegelbild sehen.

Machen Sie doch einmal ganz bewusst einen Spaziergang im Regen und achten Sie dabei auf die die intensiven Sinneserlebnisse, die Sie hierbei machen können: die prasselnden Regentropfen, die Pfützen auf der Straße und die durch die Feuchtigkeit veränderte Pflanzen- und Tierwelt:

- Wie riecht der Wald bei Regen?
- Den Regen auf die nackte Haut prasseln lassen: Wie fühlt sich das

Fotos: Reante Zimmer

Pfützenspaß an einem Regentag

Was verbirgt sich in der Pfütze?

eigentlich genau an? Prickelnd, erfrischend, abkühlend, lauwarm, wie eine Dusche?

- Was spüren Sie, wenn Sie Ihr Gesicht mit geschlossenen Augen dem Regen entgegenstrecken?
- Gelingt es Ihnen, Regentropfen mit der Hand oder der herausgestreckten Zunge aufzufangen? Wie fühlt sich das an? Was schmecken Sie?
- Nehmen Sie eine Lupe und beobachten Sie Regentropfen, die über ein Blatt rinnen, einen durch die Nässe krabbelnden Käfer oder eine Schnecke.
- Schließen Sie die Augen und lauschen Sie ganz bewusst den Geräuschen, die der prasselnde Regen verursacht: Wo können Sie die Tropfen am deutlichsten fallen hören? Wenn sie auf die Erde fallen, auf ein Blatt, auf Ihre Regenjacke?
- Waten Sie mit Gummistiefeln durch die Regenpfützen. Warum macht das eigentlich Spaß?

Draußen in der Natur bedarf es keiner vorbereiteten Angebote, die Sinneserlebnisse fallen sozusagen (mit dem Regen) vom Himmel bzw. liegen (als Pfützen) auf der Straße. Es bedarf allerdings wacher Augen, offener Ohren, sensibler Haut und eines empfindsamen Bewegungsgefühls, um aus dem Alltäglichen die sinnlichen Erlebnisse herauszuspüren (Zimmer 2019a).

Wie schmeckt eine Schneeflocke?
Sich gemeinsam mit Kleinkindern in der Natur auf die Suche nach ganzheitlichen Sinneserfahrungen zu begeben, heißt für Sie als pädagogische Fachkraft auch, sich auf ungewohnte Sichtweisen und neue Körpererlebnisse einzulassen: Schneeflocken zu fangen, ihr Prickeln auf der Haut zu fühlen, mit geöffnetem Mund eine Flocke zu erhaschen und zu spüren, wie sie auf der Zunge schmilzt. Das Einfache kann aufregend und schön sein, beglückend und herausfordernd.

AUS DER PRAXIS

Wenn Swantje balanciert

Swantje balanciert über einen Baumstamm. Um darauf gehen zu können, muss sie – über den Gleichgewichtssinn hinaus – Informationen von vielen anderen Sinnen aufnehmen: Die im Körper liegenden Sinnessysteme sagen ihr, wie stark ihre Muskeln angespannt sind und wie weit die Arme zur Seite gestreckt werden. Der Tastsinn erfühlt, welche Stellen des Baumstamms rutschig sind und wo die Oberfläche fest ist. Das Ohr registriert Geräusche in der Umgebung. Die Augen geben Hinweise, ob der Baumstamm uneben ist, wie breit die Auflagefläche für die Füße ist, wann der Stamm schmaler wird und wann er zu Ende ist.

Das Zusammenspiel der Sinne – der Augen, des Gehörs, des Tastsinns und des Gleichgewichtssinns – macht es möglich, dass das Kind über den schmalen Baumstamm so sicher wie über den Boden geht, dass es Unebenheiten übersteigen und Unsicherheiten ausgleichen kann. Das Wechselspiel der Sinne beherrschen Kinder sehr viel besser als Erwachsene: Wenn das einfache Balancieren zu langweilig wird, wenn der Gleichgewichtssinn zu wenig zu tun hat, dann gehen sie z. B. rückwärts. Oder sie schließen das Sehen aus. Und schon müssen andere Sinne stärkere Leistungen zur Orientierung erbringen. Das Tasten wird vorsichtiger, mit den Füßen wird erst vor-gefühlt, ob der nächste Schritt in die richtige Richtung geht, die Arme werden zum Ausbalancieren des Gewichts genutzt (Zimmer 2019).

Sinnliche Blätterspiele

Wahrnehmungen im Wald

Der Wald ist der reinste Abenteuerspielplatz für die Sinne. Hier gibt es fast unbegrenzte Möglichkeiten zum Sehen, Hören, Riechen, Fühlen, Beobachten und Erleben, Formen und Deuten, Verändern und Bauen, zum Wahrnehmen und Begreifen. Der Wald bietet in jeder Jahreszeit ein neues Bild und neue Erfahrungen, hat in Frühling, Sommer, Herbst und Winter jeweils andere Farben, Gerüche, Geräusche. Auch bei Regen gibt es im Wald viel zu entdecken: Welche Bäume bilden ein Dach, unter dem man nicht nass wird?

TIPP

Achten Sie bei Aufenthalten in der Natur darauf, dass die Kinder strapazierfähige Kleidung tragen: Aus dem Wald kommt man nicht so wieder heraus, wie man hineingegangen ist! Rutschpartien auf dem Laub hinterlassen Spuren, Matschpfützen wollen durchwatet, nicht umgangen werden.

Machen Sie einen Waldspaziergang mit den Kindern zu einem „Hörspaziergang". Welche Geräusche können Sie unterscheiden? Vogelstimmen, Blätterrauschen, ein Tier, das durch das Gebüsch kriecht? Wenn Sie und die Kinder ganz leise sind und vielleicht sogar die Augen schließen, können Sie Dinge wahrnehmen, die man bei einem normalen Spaziergang gar nicht mitbekommt. Gehen Sie mit den Bäumen auf Tuchfühlung: Wer will einen Baum umarmen? Die Stämme sind verschieden dick. Manche kann ein Kind alleine umarmen, bei anderen müssen sich zwei Kinder zusammentun. Die Rinde fühlt sich sehr unterschiedlich an, mal ist sie glatt, mal ist sie rau und uneben. Auf manchen Baumstämmen wächst sogar Moos.

Die Natur unter die Lupe nehmen

Nehmen Sie eine Lupe mit auf Ihre Expedition und lassen Sie die Kinder damit einmal Pflanzen, Gräser oder Baumrinden betrachten. So können Sie Einzelheiten entdecken, die mit bloßem Auge nicht zu erkennen sind: der wunderschön gezeichnete Panzer eines Käfers oder die feinen Verästelungen eines Blattes.

3. Sinneserlebnisse in Eis und Schnee

Auch die Jahreszeiten halten besondere Herausforderungen für die Sinne bereit, z.B. der Winter. Kinder wollen die kalte Jahreszeit mit allen Sinnen spüren – sie versuchen, die Schneeflocken mit den Händen zu fangen und sehen ihnen beim Schmelzen auf der bloßen Haut zu; sie wollen den Schnee schmecken, die Kälte auf der Haut spüren, auf glattem Eis schlittern und dabei das Gleichgewicht aufs Spiel setzen; sie formen Schneebälle, graben sich in pulvrigem Schnee ein, lassen sich in ihn hineinfallen und bewerfen sich damit – das Material tut nicht weh und fängt sogar Sprünge und Stürze auf. Die Mädchen und Jungen landen sanft im weichen Pulverschnee. Mit warmer Kleidung und Fantasie kann man dem Winter trotz klirrender Kälte viele fröhliche Stunden abtrotzen.

Die Welt ist zugeschneit!

Schnee und Eis verändern die Welt, alles sieht sauber, weiß und unberührt aus. Für Kleinkinder ist damit eine große Herausforderung für Körper und Sinne verbunden: Straßen, Wiesen und Gehwege sind kaum wiederzuerkennen. Auf einmal müssen sie sich auf ganz neue Bedingungen einstellen: Der Untergrund ist hart gefroren, rutschig, glatt oder auch matschig weich. Im Schnee zu laufen ist anstrengend, die Kinder sinken beim Gehen tief ein. Schon das einfache Gehen wird auf Eis und Schnee zu einem Abenteuer. Ständig müssen die Mädchen und Jungen das Gleichgewicht ausbalancieren und sich auf neue Bedingungen einstellen. Am schönsten ist es, auf dem Schnee zu rutschen: Auf Schlitten, Schneebrettern oder auf Autoschläuchen lassen sich die Kinder ziehen, sie können sich aber auch gegenseitig schieben. Schnee wird erst dann rutschig, wenn er platt getreten oder gefahren ist. Auf Rutschbahnen im Schnee kann man immer schneller gleiten, je öfter man sie benutzt. Auch auf einer Plastiktüte sitzend kann man einen Hang hinunterrutschen und ausprobieren, in welcher Position das Rutschen am besten gelingt.

Wer wirft dem Schneemann den Hut vom Kopf?

Schnee lässt sich zu Kugeln formen. Schaffen das die Mädchen und Jungen schon? Der Schneeball wird immer dicker, wenn er auf dem Boden gerollt wird. Mit dem Schneeball können Kleinkinder werfen üben, evtl. sogar Zielwerfen: Der schneebeladene Ast, den sie mit der Schneekugel treffen, lässt einen Schneeregen entstehen. Auch der Schneemann kann als Ziel anvisiert werden: Gelingt es, ihn aus einer vorher vereinbarten Entfernung zu treffen oder vielleicht sogar seinen Hut abzuwerfen?

„Eiskalte" Sinneserlebnisse im Schnee

Als Schneedetektiv auf Spurensuche gehen

Im Schnee hinterlässt jeder Schritt einen Abdruck. So können Sie mit den Kindern eine eigene Spur legen und den Weg, den Sie gegangen sind, haargenau zurückverfolgen. Die Kinder können auf dem Rückweg evtl. versuchen, die eigene Spur wiederzufinden. Welcher Fußabdruck gehört zu welchem Schuh? Wo ging ein Kind, wo ein Erwachsener? Kleine Füße passen in große Spuren, aber was passiert mit den kleinen Abdrücken, wenn ein großer Schuh über sie hinweggeht?

Ein Sessel aus Schnee

Schnee wird zu Baumaterial – mit ihm lässt sich einfach gestalten, aber er ist schnell vergänglich. Pulverschnee, Pappschnee, Schneematsch – Schnee verändert sich rasch und hat jeweils andere Eigenschaften. Als Baumaterial ist vor allem nasser, pappiger Schnee geeignet. Neben dem obligatorischen Schneemann lassen sich daraus auch andere Gestalten und Formen schaffen, etwa ein bequemer Sessel oder sogar eine kleine Höhle.

Literatur

Zimmer, R.: Handbuch Sinneswahrnehmung. Grundlagen einer ganzheitlichen Bildung und Erziehung. Freiburg: Herder 2019.

Renate Zimmer

VIII. MEDIENTIPPS

I. BÜCHER

Handbuch Sinneswahrnehmung: Grundlagen einer ganzheitlichen Bildung und Erziehung
von Renate Zimmer
Herder 2019
Preis 30 Euro

Bausteine der kindlichen Entwicklung. Sensorische Integration verstehen und anwenden
von Anna Jean Ayres
Springer 2016
Preis 29,99 Euro

Handbuch Kinder in den ersten drei Jahren
von Fabienne Becker-Stoll et. al.
Herder 2020
Preis 30 Euro

Spiele zur Wahrnehmungsförderung
von Ingrid Biermann
Herder 2018
Preis 15 Euro

Die 50 besten Wahrnehmungsspiele
von Renate Erkert
Don Bosco 2015
Preis 5 Euro

Wilde Spiele – zum Austoben. Durch Bewegung zur Ruhe kommen
von Renate Zimmer
Herder 2018
Preis 20 Euro

Das kindliche Spiel – Motor der Entwicklung
Kleinstkinder Themenheft
Herder 2019
Preis 9,99 Euro

Das große Krippenkinder-spielebuch
von Regina Bestle-Körfer et. al.
Herder 2019
Preis 22 Euro

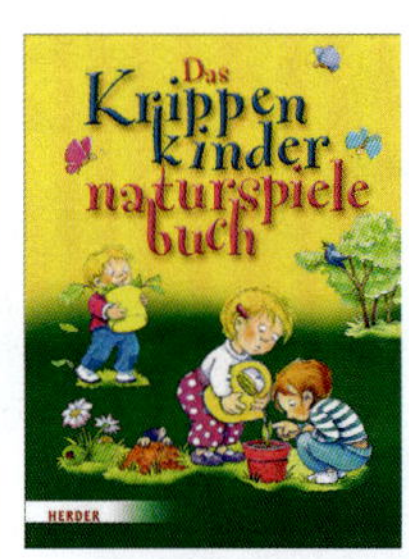

Das Krippenkinder-naturspielebuch
von Brigitte Wilmes-Mielenhausen
Herder 2018
Preis 20 Euro

Die Praxismappe: Exkursionen
Herder 2020
Preis 15,99 Euro

Die Praxismappe: Auf in den Herbst
Herder 2020
Preis 15,99 Euro

Die Praxismappe: Kindliche Spielschemata
Herder 2019
Preis 15,99 Euro

Spielen mit Krippenkindern
von Ingrid Biermann
Herder 2013
Preis 20 Euro

Motorik fördern mit Aktionstabletts
von Jutta Bläsius
Herder 2020
Preis 12 Euro

Krippenkinder als Naturentdecker
Von Nicole Hanck
Herder 2019
Preis 15 Euro

Krippenkinder – Bewegungslandschaften. 32 Ideenkarten fürs Kinderturnen
von Renate Zimmer
Herder 2014
Preis 22 Euro

Schlauzwerge – Fühlen, hören, sehen in der Krippe
von Brigitte Wilmes-Mielenhausen
Herder 2018
Preis 13 Euro

DVD
Mit allen Sinnen lernen
von Renate Zimmer
Herder 2011
Preis 29,99 €

2. LINKS

www.dgspj.de
Die *Deutsche Gesellschaft für Sozialpädiatrie und Jugendmedizin* informiert auf ihrer Internetseite über Sozialpädiatrische Zentren in Deutschland und bietet mithilfe einer Suchmaske die Möglichkeit, ein entsprechendes Zentrum, nach Bundesländern sortiert, im eigenen Umkreis zu finden. In einem SPZ wird eine interdisziplinäre Diagnostik aus Ärzte- und auch Therapeutensicht angeboten.

www.kindergesundheit-info.de
Die Seite für Kindergesundheit der *Bundeszentrale für gesundheitliche Aufklärung (BzgA)* bietet ein breites Informationsspektrum, das von Beratungsstellen bis hin zu allgemeinen Gesundheits- und Entwicklungsthemen für Kinder reicht. Unter dem Stichwort „Wahrnehmung" finden Sie hier vielfältige, unabhängige und einfach erläuterte Informationen zum Thema.

PROF. DR. RENATE ZIMMER

Erziehungswissenschaftlerin mit dem Schwerpunkt „Frühe Kindheit". Professorin für Sportwissenschaft an der Universität Osnabrück. Von 2008 bis 2018 Direktorin des *Niedersächsischen Institut für frühkindliche Bildung und Entwicklung (nifbe)*, Leiterin der *Forschungsstelle Bewegung und Psychomotorik.* Autorin von mehr als 50 Büchern zu Psychomotorik, Wahrnehmung, Sprach- und Bewegungsförderung, die in viele Sprachen übersetzt worden sind. 2007 wurde sie wegen ihres bildungspolitischen Engagements für Kinder mit dem Bundesverdienstkreuz ausgezeichnet.

PROF. DR. NADINE MADEIRA FIRMINO

Professorin an der Fliedner Fachhochschule Düsseldorf im Studiengang Kindheitspädagogik; Leiterin des Lehrgebiets „Frühe sprachliche Bildung". Zuvor war sie von 2009 bis 2016 als wissenschaftliche Mitarbeiterin am *Niedersächsischen Institut für frühkindliche Bildung und Entwicklung* unter der Leitung von Prof. Dr. Renate Zimmer tätig. Sie studierte Sprachheilpädagogik an der TU Dortmund sowie Psychomotorik an der Universität Lissabon.

RICARDA MENKE

Dipl.-Rehabilitationspädagogin, seit 2013 Therapeutin in der psychomotorischen Abteilung des Zentrums für Kindesentwicklung in Hamburg, freie Dozentin in der Erwachsenenbildung zu Themen bewegungsorientierter Entwicklungsförderung sowie Lehrbeauftragte an der Medicalschool Hamburg. Zuvor war sie mehrere Jahre als wissenschaftliche Mitarbeiterin am Institut für Sportwissenschaften der Universität Osnabrück bei Prof. Dr. Renate Zimmer tätig.

MAREIKE SANDHAUS

Sportwissenschaftlerin, M. A., Psychomotorische Therapeutin und Marte Meo Therapeutin (i. A.). Derzeit arbeitet sie bei der Stadt Münster in einem Projekt des Bundesministeriums für Bildung und Forschung zur Koordinierung der Bildungsangebote für Neuzugewanderte. Von 2009 bis 2015 war sie wissenschaftliche Mitarbeiterin am Institut für Sport-und Bewegungswissenschaften der Universität Osnabrück bei Prof. Dr. Renate Zimmer.

Fotos: privat

IMPRESSUM

„Mit allen Sinnen die Welt erfahren" ist ein Themenheft der Zeitschrift „Kleinstkinder in Kita und Tagespflege – Zeitschrift für die Arbeit mit Kindern unter 3"

ISSN 1867-5360
ISBN 978-3-451-00333-2
ISBN (digital) 978-3-451-82222-3

Verlag Herder GmbH
Hermann-Herder-Str. 4
79104 Freiburg
E-Mail: redaktion@kleinstkinder.de
www.kleinstkinder.de

Redaktion
Ulrike Fetzer (Chefredakteurin, verantw., fetzer@herder.de)
Iris Erbach (erbach@herder.de)
Linn Helbig (helbig@herder.de)
Katrin Imbery (imbery@herder.de)
Anja Kunz (kunz@herder.de)
Daniela Picco (picco@herder.de)

Redaktionsbeirat
Prof. Dr. Dorothee Gutknecht, Maren Kramer

Titelfoto: Renate Zimmer

Bestellung und Abonnement
Mo. – Fr. 9.00 – 17.00 Uhr
Telefon: 0761 2717-379, Fax: 0761 2717-360
E-Mail: aboservice@herder.de

Anzeigenleitung
Bettina Haller
Verlag Herder GmbH
Hermann-Herder-Str. 4
79104 Freiburg
Telefon: 0761 2717-456
haller@herder.de

Grafikumsetzung und -gestaltung
Röser MEDIA GmbH & Co. KG, Karlsruhe
www.roeser-media.de

Grafikentwicklung
Anja Schmidt Design, Freiburg
www.anjaschmidtdesign.de

Druck
RCDRUCK GmbH & Co. KG
www.rcdruck.de

Gedruckt auf chlorfrei gebleichtem Papier.

Haftungsausschluss
Alle Ratschläge und Hinweise in diesem Themenheft wurden sorgfältig recherchiert und in der Praxis erprobt. Sofern in unseren Angeboten Kleinteile verwendet werden, weisen wir darauf hin, dass Kinder unter drei Jahren bei Nutzung dieser Angebote einer kontinuierlichen Beaufsichtigung bedürfen. Bitte beachten Sie, dass weder Autoren, die Redaktion noch der Verlag für eventuelle Nachteile oder Schäden, die aus den in der Zeitschrift angegebenen Hinweisen resultieren, jegliche Haftung übernehmen.

Redaktioneller Hinweis
Zur besseren Lesbarkeit verwenden wir bei Personenbezeichnungen keine Doppelformen, sondern nur die weibliche oder die männliche Form. Gemeint sind immer alle Geschlechter.